ココミル
cocomiru

伊勢 志摩

伊勢神宮・内宮の宇治橋(P32)。
五十鈴川にかかるこの橋を渡ると神の聖域だ

日本人の心のふるさと
憧れの伊勢・志摩へ

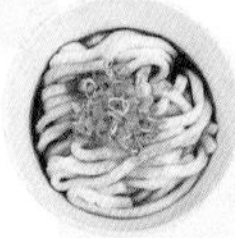

聖地・伊勢神宮は今も昔も変わることなく
訪れる人を温かく迎えてくれます。

左から：おかげ横丁の吉兆招福亭(P50)／Cafeわっく(P58)／二見興玉神社(P57)のお守り／すし久のてこね寿し(P48)

左から：／参道は豊かな森に包まれている（外宮）／参拝前には手水舎で心身を清めて（外宮）／伊勢神宮・内宮の御正宮(P33)

五十鈴川の御手洗場(P32)。
ここで手を清めてから参拝を

五十鈴川の清らかなせせらぎ、
豊かな森、清らかな風
厳かな気配に満ちた神宮の森を歩けば
ピュアな自分にかえることができます。

二見浦の夫婦岩(P56)

伊勢伝統的な建物が並ぶ
おかげ横丁(P48)

右・下：参拝後はつくりたての赤福餅を。かまどで沸かしたほうじ茶とともに味わえる(P48)

重厚な佇まいの赤福本店(P48)

ともやま公園(P87)の展望台より英虞湾を望む(P83)

碧い海と爽やかな風
雄大な海の風景が
心を癒してくれます

ミキモト真珠島(P76)の海女

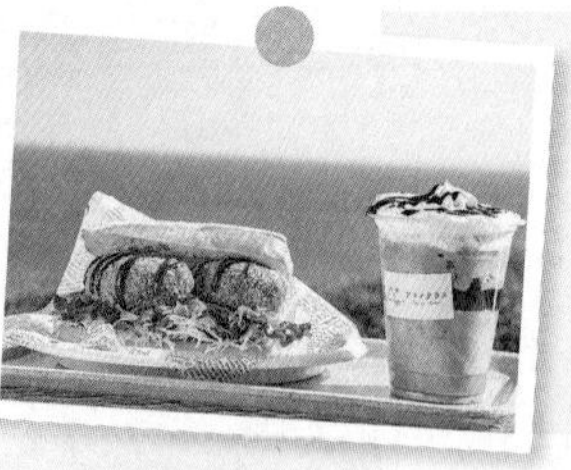

上：鳥羽展望台 海女のテラスのコロッケサンドとフラッペ(P77)
右：海の食堂はっかい(P73)のカキ料理

岬の先端に立つ鳥羽国際ホテル(P104)

上：異国情緒漂う志摩スペイン村（P85）
下：志摩自然学校で人気のウォーターボール体験（P80）

地中海リゾートのような志摩地中海村（P84）の街並み

左：地中海村内のRias by Kokotxa（P82）
右：シェ・アン（P93）の黒アワビ

南国リゾートのような風景の中で
海の恵みと四季折々の
ごちそうをいただきましょう

セラピーリゾート伊勢志摩（P103）の露天風呂

志摩観光ホテル ザ ベイスイート（P100）のディナー

伊勢志摩ってどんなところ？

お伊勢まいりや昔町巡り、壮大な風景やグルメも魅力です。

伊勢、鳥羽、志摩エリアは総称して伊勢志摩とよばれています。伊勢神宮（☞P20）とともに歴史を刻む伊勢（☞P44）は、古い町並みが残るエリア。鳥羽（☞P64）は水族館など海辺の観光スポットが多く、志摩（☞P78）はリアス式海岸の絶景に包まれた、レジャーランドと魚介グルメの宝庫です。

日本人の心のふるさと
伊勢神宮へ参拝しよう

志摩ではリアス海岸
の絶景が見られる

シーサイド鯨望荘（☞P102）
で伊勢エビやアワビを

おすすめシーズンはいつ？

レジャーを楽しむなら夏 名物魚介の旬を狙うのも◎！

伊勢志摩は海辺のスポットが多いので、やっぱり夏がおすすめ。海女さんがとるアワビ（☞P92）もおいしい季節です。魚介なら、伊勢エビ（☞P90）や的矢かき（☞P94）、あのりふぐ（☞P95）が旬を迎える冬もベストシーズン。お伊勢参りがメインなら、桜の春や紅葉の秋もおすすめです。

伊勢志摩へ旅する前に知っておきたいこと

神住まう聖地へ人々が集う伊勢、大海原が広がる鳥羽。
そして美しい景観と魚介グルメが楽しめる志摩。
五感を満たしてくれる伊勢志摩の旅へ出かけましょう。

どうやっていくの？

電車や飛行機で名古屋方面へ！ リーズナブル派は高速バスも

東京から伊勢志摩へはJRで名古屋へ。そこから近鉄またはJRを利用し、3時間15分ほどで伊勢へ到着。飛行機なら羽田空港から中部国際空港へ。そこから高速船を利用し、バス・電車に乗り換えれば3時間ほどで鳥羽へ。大阪、京都からは近鉄特急が便利。各エリアから出る高速バスもリーズナブル。

交通手段が乏しい昔は、歩いて伊勢を目指した

伊勢神宮・内宮前のおはらい町はゆっくりと散策を

観光にどのくらいかかる？

伊勢神宮は1日ゆっくりと。志摩まで旅行するなら泊まりで

伊勢神宮の外宮や内宮への参拝や門前町散策など、伊勢は1日かけてじっくりと巡りましょう。鳥羽や志摩まで足をのばすなら、1泊または2泊で観光スポットを回るのがおすすめ。また、志摩方面はみどころが点在しているので車利用が便利です。モデルプラン（☞P10～13）を参考に。

伊勢志摩＋1日観光するなら？

ご当地ビーフが美味な松阪、商業施設VISON、町家が並ぶ関宿へ

伊勢から電車で20分ほどの松阪（☞P108）は、江戸時代に商人の町として栄えた城下町。また、伊勢から車で20分ほどのVISON（☞P112）は、約70の施設が集まる観光リゾート。1日たっぷり楽しめます。伊勢から電車で約1時間30分の関宿（☞P113）は、東海道四十七番目の宿場町。町並みを散策できます。

東海道五十三次の宿場町として栄えた関の町並み

伊勢神宮・内宮の宇治橋を渡って聖域へ

初めての伊勢観光のおすすめは?

お伊勢さんははずせません。鳥羽と志摩の海とテーマパークも

まずは伊勢の中心である伊勢神宮へ。伊勢神宮は外宮（☞P24）と内宮（☞P30）、両宮とも参拝するのがおすすめです。鳥羽水族館（☞P66）や志摩スペイン村（☞P85）などのテーマパークもぜひ訪ねたいスポット。もちろん、伊勢志摩が誇る名物魚介の数々を味わうのもお忘れなく。

鳥羽水族館の巨大水槽をのぞけば、気分は海中さんぽ

リゾート気分も味わえる志摩スペイン村

カヤックで海へ漕ぎ出せば、広大な海を独り占めした気分になれそう

伊勢志摩の海の楽しみ方は?

海沿いのドライブは爽快！アクティビティや島旅もいかが？

美しいリアス海岸が続く伊勢志摩は、紺碧の海と半島が描く絵画のような風景が広がります。海沿いのドライブで気分爽快。ほかにもシーカヤック（☞P80）などに挑戦したり、答志島（☞P74）など鳥羽の離島へプチトリップしたりして、伊勢志摩ならではの絶景を堪能しましょう。

伊勢志摩の代表的な郷土料理は?

地元の人に昔から愛され続ける伊勢うどん&てこね寿司

かつて、お伊勢まいりの参拝者も旅の途中に食べたという伊勢うどん（☞P96）。とろみがある甘辛いタレにうどんを絡めて食べる名物料理です。漁師が船の上で食べていたことから広まったという、てこね寿司（☞P97）も郷土料理の一つ。醤油に漬け込んだカツオと酢飯がマッチして絶品です。

伊勢うどんは店により味も具もさまざま。岡田屋(☞P46)

てこね寿司は手頃な価格が魅力。手こね茶屋 本店(☞P97)

伊勢の名物、赤福餅

赤福本店で、参拝のあとにほっとひと息

伊勢みやげは何がいい?

伊勢名物・赤福餅のほかにかわいい和雑貨もぜひ

おはらい町やおかげ横丁には伊勢名物の赤福餅をはじめ、おいしい和菓子（☞P52）がたくさん。愛らしい雑貨の店（☞P50）もあります。伊勢神宮のほか、夫婦岩で有名な二見興玉神社（☞P56）など歴史ある開運スポットが点在するので、縁起物を自分へのおみやげにしてはいかが？

宿泊するならどこがいい?

海辺の絶景宿がおすすめです！料理がおいしい旅館も点在

伊勢志摩にはオーシャンビューが自慢の宿（☞P104）、名物料理がおいしいグルメ宿（☞P102）などがあります。ちょっと奮発してラグジュアリーなホテル（☞P100）でリゾートステイを満喫するのもおすすめ。リーズナブルな旅を楽しみたいならコスパに優れた宿（☞P106）もたくさんあります。

海を一望するホテル、はいふう(☞P105)

1日目

出発～！

9:50 伊勢市駅

まずはお伊勢まいりの起点、伊勢市駅からスタート。歩いてトコトコと外宮を目指します。

10:00 伊勢神宮 外宮

衣食住を司る神様がご鎮座する外宮（☞P24）。生い茂る森の力強いパワーを感じます。

正しいお作法で御正宮を参拝

ひと際神聖な御正宮で外宮の神様におまいり。二拝二拍手一拝の作法で拝礼します。

11:30 伊勢神宮 内宮

バスに乗って伊勢神宮の内宮（☞P30）へ。宇治橋を渡ると気持ちも引き締まります。

憧れの聖地♪

日本人の総氏神を祀る御正宮で拝礼を。森の静けさに包まれて清らかな気持ちでお祈り。

13:00 おはらい町&おかげ横丁

宇治橋前から続く門前町・おはらい町（☞P46）とおかげ横丁（☞P48）を散策。

甘辛いタレがおいしい！

ランチには名物の伊勢うどんがぴったり。古来より参拝者に愛された郷土料理です。

多くの店がひしめくおかげ横丁では、ご当地グルメや買い物を存分に楽しめます。

通りに軒を連ねるみやげ処には、かわいい雑貨がずらり。思わずどれを選ぶか迷っちゃう。

つくりたての赤福餅！

赤福本店（☞P48）があるのも、この門前町。名物餅をほうじ茶と一緒に味わえます。

14:45 河崎

レトロな蔵が並ぶ河崎（☞P58）へ。どこか懐かしい昔ながらの風景に癒やされます。

おしゃれなお店も

蔵を改装したすてきな雑貨店やカフェが点在。ゆったりした時間を感じましょう。

2泊3日で伊勢志摩の電車旅

電車編

伊勢神宮や歴史ある町並散策が楽しい伊勢。
風光明媚なシーサイドエリアである鳥羽や志摩。
電車でゆっくりと、必見スポットを巡りましょう。

おやすみ…

16:30 夫婦岩

二見浦へ移動して、2つの巨石が海に浮かぶ縁結びのパワースポット・夫婦岩（☞P56）へ。

二見興玉神社

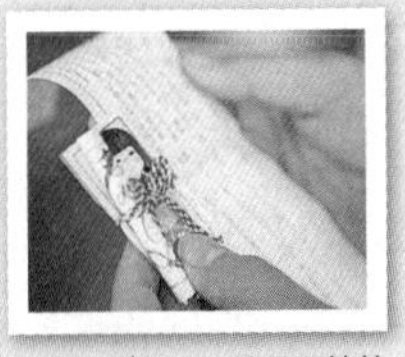

夫婦岩がある二見興玉神社（☞P57）には、恋のおみくじや良縁祈願のお守りがあります。

神様のお使いと伝わるカエルの像が随所に。願いを叶えてくれるというカエルさんも！

18:00 鳥羽のお宿

1日目は海辺のお宿でシーサイドステイ（☞P104）。刻一刻と変わる海の風景にうっとり。

2日目

おはよう！

9:50 鳥羽駅

2日目は鳥羽の定番スポット巡りから。アクセスに便利な鳥羽駅を起点にしましょう。

10:00 ミキモト真珠島

日本初の真珠養殖成功の地・ミキモト真珠島（☞P76）へ。創業者の銅像がお出迎え。

輝くパールがきれい

真珠島には、真珠養殖の技術を紹介する施設のほか、多彩なアクセサリーが揃う店も。

12:00 鳥羽湾めぐり観光船

クルージングを楽しみたいなら、鳥羽湾めぐり遊覧船（☞P76）に乗船しましょう。

おやすみ…

13:30 七越茶屋

伊勢志摩の郷土料理を代表するてこねずし。七越茶屋（☞P97）でいただきます。

15:00 鳥羽水族館

美しい巨大水槽がある鳥羽水族館（☞P66）へ。海のアイドルたちにご挨拶しましょう。

スナメリがにっこり

スナメリやセイウチ、ジュゴンなど愛嬌ある海獣に出会えるのもこの水族館の醍醐味です。

17:30 志摩のお宿

鳥羽から志摩へ。憧れリゾート（☞P100）や料理自慢の宿（☞P102）に泊りましょう。

3日目

おはよう!

10:00 志摩スペイン村

志摩スペイン村（☞P85）は、1日中遊べるテーマパークと温泉&ホテルリゾート。

華やかなパレード

※イメージ

華麗なショーやパレードで園内を盛り上げます。

17:00 日本料理 鯛

たっぷり遊んだあとは、志摩の名物食材を鵜方駅近くの日本料理 鯛（☞P86）で堪能。

身がプリプリで美味♪

伊勢志摩の旬の魚介を使う料理はどれも絶品。10～3月の主役はもちろん伊勢エビ。

1日目

出発〜!

10:00 伊勢神宮 外宮

伊勢神宮は外宮参拝（☞P24）からが習わし。車なら気軽にお伊勢まいりできます。

お守りをいただこう!

御正宮への参拝をすませたら、お守りやお神札を授与する神楽殿にも立ち寄って。

外宮の次は内宮へ。昔は徒歩でお伊勢まいりをした伊勢街道を車で移動します。

11:30 伊勢神宮 内宮

内宮（☞P30）への玄関口・宇治橋には、檜造りの鳥居が。一礼をしてから渡りましょう。

巨木や杉の木が林立する境内。お宮の看板を目印に参拝ルートを辿って御正宮へ。

美しいお宮がたくさん

両宮ともに、境内には御正宮のほかに別宮とよばれるお宮も。御正宮のあとに参拝を。

12:00 おはらい町&おかげ横丁

内宮参拝後のお楽しみは、おはらい町（☞P46）とおかげ横丁（☞P48）のぶらぶら歩き。

松阪牛を使った蒸したての肉まんなど、通りの店で販売する食べ歩きフードも魅力です。

おっ！和スイーツ♪

味はもちろん、見た目にもかわいい甘味もいろいろ（☞P52）。おみやげにもぴったり。

13:30 パールロード

伊勢から鳥羽へ向かいパールロードへ。海岸線を見晴らす絶好のドライブコースです。

14:00 オイスターロード

カキ養殖が盛んな浦村周辺はオイスターロード（☞P72）ともよばれ、食べ放題の店が点在。

おいしいカキで満腹!

新鮮な浦村カキを好きなだけ焼いてとことん堪能。海辺のロケーションも最高です。

1泊2日で 爽快な伊勢志摩ドライブ

ドライブ編

お伊勢参りも名物グルメも、絶景もいろいろ楽しみたい。
広大な伊勢志摩を気軽に巡るなら車がおすすめ。
志摩半島の絶景ビューが待っています。

おやすみ…

15:30 鳥羽展望台

リアス海岸を一望するビュースポット・鳥羽展望台に立ち寄り、絶景を眺めながら休憩。

ご当地サンドも!

鳥羽展望台 海女のテラス（☞P77）で話題のグルメを味わって♪

パールロード

オーシャンビューを愛でながら、パールロードを走って今夜のお宿を目指しましょう。

17:30 鳥羽のお宿

ラグジュアリーなホテル（☞P100）で、優雅にステイ。運転の疲れを癒やしましょう。

2日目

おはよう！

10:00 神明神社

最初に向かうのはパワースポット“石神さん”こと神明神社（☞P70）。かわいいお守りも◎

11:30 大王埼灯台

大王崎に立つ白亜の大王埼灯台（☞P87）に寄り道。美しい志摩半島の風景に感動!

12:30 Cloud 1 Dining 縁

あづり浜の海辺に立つ食事処、Cloud 1 Dining 縁（☞P83）。目の前には雄大な海が。

地元食材が大集合！

磯の香りたっぷりの海藻や魚介、野菜など伊勢鳥羽志摩自慢の食材が豊富なランチを！

14:30 ともやま公園

半島の緑と海の青。コントラストが映える絶景を求めて、ともやま公園（☞P87）へGo!

15:00 志摩自然学校

志摩自然学校（☞P80）では、シーカヤックなどのアクティビティ（最低催行人数2名）を。

17:30 志摩地中海村

車旅のラストは、英虞湾の雄大な自然に抱かれたリゾート・志摩地中海村（☞P84）へ。

Rias by Kokotxa（☞P82）でディナー（要予約、コース1万2100円～）を。

伊勢志摩から
ひと足のばして

3日目は昔町散策もおすすめです。

松阪牛も有名な城下町“松阪”

松坂城跡を中心に、歴史散策が楽しめる松阪（☞P108）。町の散策のあとは、奮発してでも食べたい高級和牛・松阪牛（☞P110）を楽しんで。

江戸の面影が残る“関宿”

江戸時代に東海道五十三次の47番目の宿場として栄えた関（☞P113）。国の重要伝統的建築物群保存地区に指定された町並みを散策しよう。

ココミル
cocomiru

伊勢 志摩

Contents

●表紙写真
吉兆招福亭（P50）の招き猫おみくじ、すし久（P48）のてこね寿司、早朝の伊勢神宮宇治橋（P32）、石神さん（神明神社）（P70）のお守り、おみやげや（P51）のおかげ犬みくじ、赤福本店（P48）の赤福餅、二見浦の夫婦岩（P56）、大王埼灯台（P87）、鳥羽水族館（P66）のラッコ、志摩スペイン村（P85）

豊かな自然とグルメが魅力の町 鳥羽・志摩を回りましょう …63

伊勢湾は今日も海の幸が大漁です 美し国の名物料理を召し上がれ …89

夜は癒やしの空間でぐっすり! 私にぴったりの宿探し …99

ひと足のばして昔町へ 伊勢志摩からのプチ旅 …107

はじめての伊勢志摩 トラベルインフォメーション

〈マーク〉

- 観光みどころ・寺社
- プレイスポット
- レストラン・食事処
- 居酒屋・BAR
- カフェ・喫茶
- みやげ店・ショップ
- 宿泊施設

〈DATAマーク〉

- ☎ 電話番号
- 住 住所
- ¥ 料金
- 開館・営業時間
- 休 休み
- 交 交通
- P 駐車場
- 室 室数
- MAP 地図位置

伊勢志摩って こんなところ

風光明媚な志摩半島に主要エリアが点在。定番のスポットや名物魚介を満喫したい。

観光のみどころは3つのエリア

伊勢神宮を中心に、歴史ある町並みが残る伊勢エリア。鳥羽水族館を筆頭に、シーサイドに観光スポットが集まる鳥羽エリア。リアス海岸の絶景に包まれたテーマパークと海辺のレストランや宿が点在する志摩エリア。3つのエリアには、それぞれの風土や名物を存分に楽しめるみどころがたくさん。計画を練って効率よく巡りましょう。

観光の前に情報集め

出発前に現地の情報を集めるのも旅の大事なポイント。当日の伊勢神宮周辺の観光に関する問合せは、伊勢市駅観光案内所を利用しましょう。

問合せ 伊勢市駅観光案内所
☎0596-65-6091
問合せ 鳥羽市観光協会
☎0599-25-3019
問合せ 志摩市観光案内所
☎0599-46-0570

周遊に便利な"CANばす"
伊勢・二見・鳥羽を周遊する路線バス「CANばす」。休日は1日17～18便（一部運休あり）、平日は9～11便（区間運行含む）運行されます。☞P23・118参照

（※一部路線は省略しています）

▲伊勢神宮・内宮の宇治橋

1 伊勢タウン《いせたうん》

・・・P44

伊勢観光の目玉、伊勢神宮への参拝が終わったら、縁結びのパワースポットとして有名な、夫婦岩がある二見へ。昔懐かしい雰囲気の河崎に足をのばしてみるのもおすすめ。

▶内宮前のおかげ横丁にも立ち寄りたい

おすすめPoint!

伊勢神宮…P20
二見の夫婦岩…P56
昔町・河崎を散策…P58

▲二見興玉神社が立つ海辺にある夫婦岩

▶見た目もかわいらしい縁結びのお守りも

② 鳥羽《とば》

・・・P64

伊勢・志摩の海の玄関口がここ。ジュゴンやスナメリ、カクレクマノミなど、海の人気者たちに会える鳥羽水族館や、パールロード沿いに点在するカキ食べ放題の店などを訪ねてみよう。

▲絶景スポットの鳥羽展望台

▲国内最大級を誇る鳥羽水族館

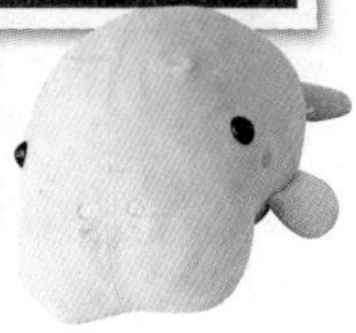
▶キュートな動物グッズも豊富

③ 志摩《しま》

・・・P78

風光明媚な英虞湾を中心としたリゾート感あふれるエリア。志摩スペイン村や志摩地中海村などのリゾート施設、シーサイドレストランなどで海景色を堪能。伊勢エビやアワビなどのグルメスポットも豊富だ。

おすすめPoint!

鳥羽水族館…P66
パワースポット・石神さん…P70
カキ食べ放題…P72

おすすめPoint!

英虞湾のエコツアー…P80
海辺のレストラン&カフェ…P82
志摩地中海村&志摩スペイン村…P84

▲華やかな志摩スペイン村を散策

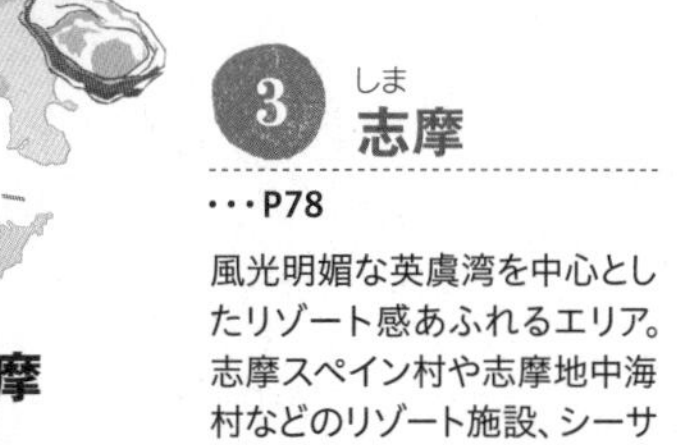
▲美しいリアス海岸は必見の絶景

◀リゾート感満点の志摩地中海村

早朝の宇治橋を渡って内宮へ

厳かな雰囲気が漂う神楽殿（内宮）

明りが灯る夕刻の神楽殿（外宮）

おはらい町の風情ある町並み

おかげ横丁でみつけたおみくじ

かわいい縁起物をみやげに

内宮の参道には巨木が林立

昔の町並みを再現したおかげ横丁

伊勢の旅はココからスタート
お伊勢さんに行ってきます

清らかな空気に包まれた神の森。
いにしえより変わらない清らかな風景が
日常を忘れさせてくれます。
さあ、憧れのお伊勢さんへおまいりしましょう。

参拝後には名物の伊勢うどんを

せんぐう館には外宮正殿の原寸大模型が

聖なる地・
伊勢神宮

いにしえの時代から多くの人々が
魅せられてきた伊勢神宮。
江戸時代には「おかげ参り」が大流行。
“お伊勢さん”と親しまれ、
多くの民衆が伊勢を訪れました。
木漏れ陽を浴びてきらめく参道、
凛としてそびえ立つ神宮杉、
玉砂利を踏みしめて、
神住まう常若の社殿へ。
鳥居の先の神域には、
清浄なる森に包まれた
神住まう地があなたを待ち受けてます。
「せめて一生に一度は！」と、
誰もが憧れた大いなる聖地へ。

平成25年に式年遷宮が行われた内宮の御正宮（☞P33）

はじめてのお伊勢まいり 外宮と内宮はこう回りましょう

内宮と外宮の位置関係は？ 移動手段は？ 手荷物はどうしよう。
出かける前にチェックしておけば、はじめてのおまいりでも安心です。

外宮《げくう》

☞P24

神宮の祭事にならって まずは外宮をおまいり

衣食住を司る神様「豊受大御神」を祀る外宮はJR・近鉄伊勢市駅から徒歩5分ほどの場所に位置しています。「外宮先祭」といって、神宮の祭事は外宮から内宮の順に行われます。このしきたりに習ってまずは外宮をおまいりしましょう。

◀豊受大御神を祀る外宮の御正宮

内宮《ないくう》

☞P30

外宮をおまいりしたら 内宮へ向かいましょう

内宮は外宮の南東約5kmの場所に位置しています。公共交通機関を利用するなら外宮前から内宮行きのバスが出ているので便利。乗車時間15分ほどで内宮前に到着します。宇治橋を渡り、参道を歩いて天照大御神がご鎮座する「御正宮」をおまいりしましょう。

▶天照大御神を祀る内宮の御正宮

◉ 荷物を預けて身軽に観光 ◉

伊勢市観光協会では手荷物の一時預かり（1個500円、9時～17時30分）と伊勢・鳥羽・志摩市内の宿（離島除く）への手荷物配送サービス（1個1150円、9時～13時10分）を行っています。伊勢市駅手荷物預かり所☎0596-65-6861 MAP P121B1

◉ 便利な外宮前観光サービスセンター ◉

外宮の表参道前にあり参拝の間荷物を預けられます。レンタサイクルの貸出しも。手荷物預かりは1個300円（8時30分～16時30分）。外宮前観光サービスセンター☎0596-23-3323 MAP P121B2

お伊勢まいりには路線バスが便利

外宮から内宮へは、三重交通の路線バス、周遊のCANバス、路面電車型の観光バスの神都バスが運行。外宮～内宮間は約15分。外宮前から内宮行きは日中約10分間隔で発着している。
☎0596-25-7131（三重交通バス伊勢営業所）

伊勢神宮の回り方

外宮から内宮への移動手段は車やバス、レンタサイクルなどがありますが、本数が多く気軽に利用できるバスが一番のおすすめ。内宮へ参拝した後は、おはらい町やおかげ横丁に立ち寄って、門前町散策を楽しみましょう。

＼ここからスタート／

JR・近鉄伊勢市駅

JR側の出口から徒歩5分

外 宮（☞P24）

バス

外宮前から三重交通バス内宮行きで15分、終点下車すぐ

＼バス利用が便利！／

自転車

伊勢街道を通って20～30分

内 宮（☞P30）

バス停 内宮前から徒歩すぐ

＼ゴール／

おはらい町（☞P46）
おかげ横丁（☞P48）

おはらい町《おはらいまち》 ☞P46

おかげ横丁《おかげよこちょう》 ☞P48

内宮参拝の後は門前町で食事やお買物を

内宮の宇治橋にほど近い、約800mの石畳道沿いに風情ある町並みが続いているのがおはらい町。その一画にあるのがおかげ横丁。銘菓などの老舗や食事処も揃い、伊勢みやげを探して歩くのも楽しい場所。ぜひお参りの帰りに立ち寄ってみましょう。

1 その一角には賑やかなおかげ横丁も 2 趣ある商家の建物が並ぶおはらい町。

おはらい町・おかげ横丁のお店は閉店時間が早いのでご注意。17時にはほとんどの店が営業を終了します。

お伊勢まいりは「外宮」から衣食住の神様を参拝します

伊勢神宮は、外宮から内宮の順に参拝することが古くからの習わしです。まずは伊勢市駅からスタートして、外宮の森を目指しましょう。

豊受大御神がご鎮座する御正宮

案内の木札を目印に参拝をしよう

夕刻の宮域を照らす神楽殿のあかり

屋根に並ぶ鰹木が目を引く

朝の表参道

外宮《げくう》（豊受大神宮《とようけだいじんぐう》）

あらゆる生活の基盤 衣・食・住を司る神様

正式には「豊受大神宮」といい、地元では豊受さんとよばれることも。天照大御神のご鎮座から約500年後、天照大御神のお食事を司る神として迎えられた豊受大御神を祀る。古木が茂る森に覆われた宮域には、御正宮のほか3つの別宮や摂社・末社・所管社が点在する。

☎0596-24-1111（神宮司庁）住 伊勢市豊川町279 ¥ 境内自由 🕒1～4・9月は5～18時、5～8月は5～19時、10～12月は5～17時 交 JR・近鉄伊勢市駅から徒歩5分 P 434台 MAP P120B2

お馬が神前へお参り 神馬牽参にも注目

外宮と内宮で2頭ずついる神馬。毎月1日、11日、21日の午前8時頃に神馬が御正宮へお参りする「神馬牽参《しんめけんざん》」が行われています。美しい衣装をつけた神馬のあでやかな姿を拝見できます。※雨天時はなし

神楽殿《かぐらでん》

お神楽や御饌を執り行う、優雅で堂々とした建物。表参道の第二鳥居をくぐった右手にあり、お守りやお札の授与のほか、ご朱印の受付もこの建物の一角で行っている。

亀石《かめいし》

御池に架かる橋の役割を果たしている大きな一枚岩。御正宮から多賀宮へ向かう途中にあり、亀に似ていることからこうよばれる。

勾玉池《まがたまいけ》

表参道の東側には勾玉の形をした勾玉池が広がり、そこに奉納舞台がある。中秋の名月には、ここで観月会も開催される。

外宮MAP

式年遷宮記念《しきねんせんぐうきねん》せんぐう館《かん》

勾玉池のほとりに立つ記念館。式年遷宮を通じて継承されてきた伝統や文化を分かりやすく紹介。神宮と式年遷宮を深く知ることができるので、ぜひ訪れたい。館内には勾玉池を望む休憩スペースもある。(☞P36)

外宮正殿の原寸大模型などを展示

清盛楠《きよもりぐす》

平清盛が勅使として参拝した際、冠に当たった枝を切らせたと伝わる大楠。表参道火除橋を渡って、参道から少しそれて右手に入った場所にそびえる。

外宮では左側、内宮では右側を歩きます。あえて遠回りして御正宮に向かうことで、神様に敬意を表すともいわれます。

生活の神様に感謝を込めて…外宮はこう回るのが基本です

衣・食・住を司る神様に会いに、伊勢神宮・外宮をおまいりしましょう。御正宮と宮域内の3つの別宮を回り、その後、宮域外の別宮・月夜見宮へ。

START 1

表参道火除橋《おもてさんどうひよけばし》

外宮の神域への入口

川の水が町の火災から神域を守っていたことから「火除橋」とよばれています。橋は左側通行で、渡れば神域。気持ちを正して歩きましょう。

▶橋の向こうには第一鳥居が見える

外宮モデルコース

見学時間 約70分

- START JR・近鉄伊勢市駅
- ↓ 徒歩5分
- 1 表参道火除橋
- ↓ 徒歩すぐ
- 2 手水舎
- ↓ 徒歩すぐ
- 3 鳥居
- ↓ 徒歩5分
- 4 御正宮
- ↓ 徒歩4分
- 5 多賀宮（☞P28）
- ↓ 徒歩3分
- 6 土宮（☞P28）
- ↓ 徒歩すぐ
- 7 風宮（☞P28）
- ↓ 徒歩10分
- 8 月夜見宮（☞P29）【宮域外別宮】
- ↓ 徒歩5分
- GOAL JR・近鉄伊勢市駅

（5〜8：別宮）

左手→右手→口→左手の順で清める(☞P38)

▶外宮は左側通行なので参道左手にある

手水舎できちんとお清め

▲手水は神聖な場所に入るための大切な作法

2

手水舎《てみずしゃ》

心身を清めておまいりを

火除橋を渡ってすぐそばにあり、手と口を清めることで心身の穢《けが》れを洗い流す場所。1回の水で清められるように、初めに充分な水量をすくうのもポイント。柄杓をきちんと元の位置に戻すことも忘れずに。

鳥居をくぐる際には軽く一礼を

▶左端を通るのも礼儀

▼森の入口に立つ第一鳥居

3

鳥居《とりい》

神様の住まいを守る第1、第2の鳥居

檜造りの2つの鳥居をくぐって御正宮へ向かう。第一鳥居から先はより神聖な領域。騒いだりしないように気をつけて。

▲森の緑に映える第二鳥居

「衛士見張所《えしみはりしょ》」で参拝情報を入手しよう

表参道入口と北御門入口にあり「衛士」とよばれる警備員が常駐しています。ここには外宮と内宮のMAPも置いてあるので、参拝ルートを確かめて、分からないことは尋ねてみて。

MAP P25中下

4 御正宮《ごしょうぐう》

豊受大御神が祀られるお宮

四重の板垣に囲まれた最も清浄な場所に立つ正殿に、豊受大御神が鎮座。外側の板垣をくぐる前に一礼し、美しい純白の御幌《みとばり》が垂れる門前でお祈りを。左手には昼夜交代で神職が神様にお仕えする宿衛屋《しゅくえいや》がある。お祈りするときには、大きな声を出すなど、ほかの参拝者の迷惑になる行為は慎しもう。長くお祈りしたい場合は正面を避けて少し脇に寄って、じっくりと神様に思いを届けたい。

❶御正宮を囲む板垣にも神聖な気配が漂う ❷正宮と多賀宮、土宮、風宮を隔てる御池❸御正宮への参道には、神宮杉とよばれる大きな杉が林立 ❹一般参拝は、白絹の御幌前まで

P28につづきます

外宮の神様・豊受大御神の話

衣食住を司る神様

豊受大御神は衣食住をはじめ、あらゆる産業を司る神様。内宮鎮座の500年後、今から約1500年前に天照大御神のお食事を司る神としてこの地に迎えられた。日々、食事がいただけることへの感謝の気持ちを込めて参拝を。

板垣で囲われ、厳かな空気に満ちた、外宮の御正宮

毎日2回、食事をお供え

外宮では毎日朝夕の2回、神様にお食事をお供えする祭事「日別朝夕大御饌祭《ひごとあさゆうおおみけさい》」が行われている。境内に立つ忌火屋殿《いみびやでん》では、神職が火をおこして食事を調理し、御饌殿《みけでん》とよばれる社殿に運ばれて神々にお供えされる。

食事を調理する忌火屋殿。外宮の神域に立つ

神々に捧げる食事は「忌火《いみび》」とよばれる清浄な火で調理されます。古代さながらの火おこしの木製道具が使われます。

P27からつづきます

5 多賀宮《たかのみや》

高台に祀られた豊受大御神の荒御魂

豊受大御神の荒御魂《あらみたま》が祀られている外宮の第一の別宮で、神宮の祭事も御正宮に続いて行われる。荒御魂とは活動的な神格のことで、荒々しく力強い神様として崇められている。他の別宮には鳥居があるが、このお宮には鳥居がない。

木々の緑に包まれた階段を上ってお参りを

▲高台にあるので「たかのみや」とよばれる
◀98段の石段を上って多賀宮へ

6 土宮《つちのみや》

古代からの土地の守り神

豊受大御神がご鎮座された土地の、古くからの守り神である大土乃御祖神《おおつちのみおやのかみ》がご祭神。この地に川の氾濫が起こった平安時代末期に、堤防の守護神として末社から別宮に昇格した。

▲社殿周辺は式年遷宮の神事「山口祭」などの祭場になる
◀土宮の古殿地。すべてのお宮に古殿地がある

外宮《げくう》の別宮《べつぐう》

外宮周辺には、御正宮に次いで格式が高いお宮＝別宮があります。宮域内に3つ、宮域外に1つあるので、御正宮と合わせておまいりしましょう。

7 風宮《かぜのみや》

風雨の順調を司る風の神

風の神様として伝わる級長津《しなつ》彦命《ひこのみこと》、級長戸辺命《しなとべのみこと》が祀られている。農作業に大切な風雨の順調を司る神様で、鎌倉時代「元寇」（蒙古襲来）の際、2度にわたり神風を吹かせて国難を救ったとも伝わる。

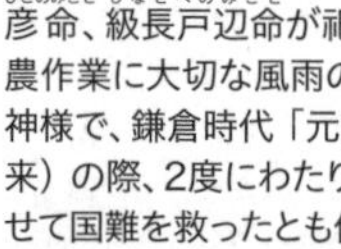

❶地元農家からの信仰も集める宮 ❷間近で見られる社殿の造りにも注目したい

「別宮遙拝所」で別宮の神様にご挨拶を

御正宮前の参道に注連縄が巡らされ、白石が敷かれた一角がある。別宮の多賀宮へ参拝できない時は、この「別宮遙拝所《べつぐうようはいじょ》」で拝礼を。別宮の神様がいらっしゃる方角に拝んで、ご挨拶をします。
MAP P25中上

外宮から徒歩10分
宮域外

❶お宮は楠やケヤキの樹木に覆われている ❷境内の手水舎で先ずは心身を清めて ❸境内を緑で包む巨大な大楠も見事 ❹緑豊かな神域で心静かに参拝を

GOAL 8

月夜見宮《つきよみのみや》

外宮で唯一、宮域外にある別宮

伊勢市駅に近く、豊かな樹林に囲まれた別宮。内宮の別宮・月読宮（☞P35）と同じ月の神様・月夜見尊《つきよみのみこと》とその荒御魂が祀られる。境内には大楠がそびえ、玉砂利に落ちる木漏れ日が美しい。外宮から続く神路通りを歩いて訪れよう。

住伊勢市宮後1 ¥境内自由 ◷1～4・9月は5～18時、5～8月は5～19時、10～12月は5～17時 交JR・近鉄伊勢市駅から徒歩5分 P外宮駐車場を利用 MAP P121B1

◀ご祭神は月読宮の「月読尊」と同じだが、「月夜見尊」の字をあてる

外宮と月夜見宮を結ぶ神様の通路 神路《かみじ》通り

外宮の北御門と月夜見宮を結んでいる。神様（月夜見尊）が通るため、地域の人は道の中央（黒色部分）を避けて歩くという習わしに因み、舗装が色分けされている。

外宮と月夜見宮を結ぶ道は神路通り（MAP P121 A1）とよばれ、神様が行き交うため道の中央を通ってはいけないという伝承があります。また、月夜見宮の神様が神域の石を白馬に変えて、夜ごと外宮へ通ったという白馬伝説も語り継がれています。神路通りを歩いて月夜見宮へ。

天照大御神を祀る「内宮」へ ニッポン最高峰の聖地におまいり

日本人の大御祖神といわれる天照大御神をお祀りする内宮。
2000年以上もの歴史をもつ神々しい聖地をおまいりしましょう。

五十鈴川に架かる
宇治橋

社殿と森が織り成
す光景が美しい

参集殿そばの池
には鯉も泳ぐ

内宮《ないくう》（皇大神宮《こうたいじんぐう》）

神宮125社の 中枢を成す聖地

万物を育む太陽にたとえられる、日本人の大《おお》御《み》祖神《おやがみ》・天照大御神が鎮座する内宮。正式には「皇大神宮」といい、天照大御神は皇室の御祖神にあたる。約2000年前に五十鈴川の川上に鎮座されたと伝わり、清らかな宮域には神々しい気配が漂う。外宮とは反対に右側通行の参道を進み、御正宮と2つの別宮へおまいりしよう。

☎0596-24-1111（神宮司庁）
住 伊勢市宇治館町1 ¥ 境内自由
時 1～4・9月は5～18時、5～8月は5～19時、10～12月は5～17時
交 JR・近鉄伊勢市駅から三重交通バス内宮行きで20分、終点下車すぐ P 414台 MAP P120C4

宇治橋から見える川に立つ杭は何？

五十鈴川に架かる橋のそばに、等間隔に並ぶ木の杭。これは「木除け杭」とよばれ、台風などによる流木を食い止め、直接宇治橋の橋脚に当たらないようにするためのもの。橋を守る大切な杭なのです。

大山祇神社《おおやまつみじんじゃ》・子安神社《こやすじんじゃ》

山の神様を祀る大山祇神社とその娘神を祀る子安神社が立ち並んでいる。子授け・安産の信仰がある。

参集殿《さんしゅうでん》

参拝者のための無料休憩所。お茶などが用意され、お守りやお神札の授与なども行う。平成23年（2011）9月に改修が行なわれた。

籾種石《もみだねいし》

神宮杉が林立する参道を御正宮に向かって歩けば、左手に巨石が見える。籾種に形が似ているので、籾種石とよばれるようになったとか。

内宮MAP

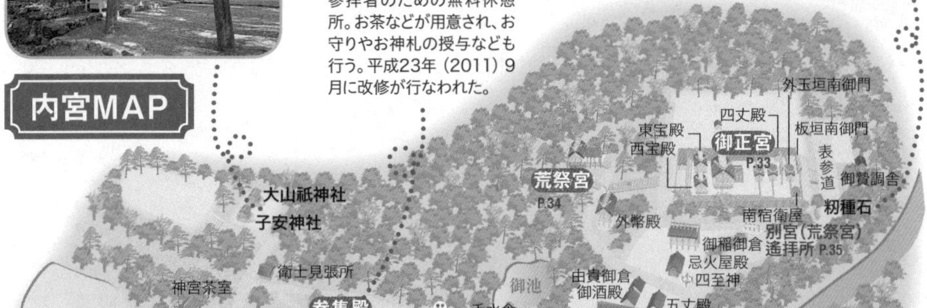

神苑《しんえん》

宇治橋を渡ると広がる松が美しい参道。明治時代までは、この辺りまで民家があった。

神楽殿《かぐらでん》

参道の中間にあり、お守りやお神札がいただけるほか、お神楽をあげるのもここ。隣にはご祈祷を行う御饌殿も。

瀧祭神《たきまつりのかみ》

五十鈴川の畔に祀られている水の守り神。五十鈴川を守護する神様として篤い信仰を集める。

少し奥まった場所にあるため見逃しがちな瀧祭神は、古くから社殿がない石神として祀られる珍しい神社です。

清らかな内宮の神域参拝順と宮域外の別宮をご案内します

内宮では、御正宮と宮域内にある2つの別宮をおまいりしましょう。
時間があれば、宮域外にある2つの別宮へ訪れるといいでしょう。

▲内宮は右側通行。宇治橋を渡って、厳かな気配が満ちる神域へ

START 1 宇治橋《うじばし》

内宮の聖域へと続く玄関口

俗界と聖界を隔てる、長さ101.8mの大橋。両端にある2つの大鳥居には、内宮・外宮それぞれの旧正殿の棟持柱の古材を用いている。

▲桜咲く春の宇治橋も美しい

内宮モデルコース

見学時間 約120分

- START 内宮前
- ↓ 徒歩すぐ
- 1 宇治橋
- ↓ 徒歩3分
- 2 鳥居
- ↓ 徒歩すぐ
- 3 御手洗場
- ↓ 徒歩5分
- 4 御正宮
- ↓ 徒歩3分
- 5 荒祭宮（→P34）
- ↓ 徒歩4分
- 6 風日祈宮（→P34）
- ↓ バス5分
- 7 月読宮（→P35）【宮域外】
- ↓ バス5分
- 8 倭姫宮（→P35）【宮域外】
- ↓ 徒歩3分
- GOAL 徴古館前

（5〜8：別宮）

2 鳥居《とりい》

神様を敬って
端を通ろう!

鳥居をくぐってさらなる神域へ

宇治橋を渡り、神苑を抜ければ第一鳥居がお目見え。くぐる前に軽く一札をして、右側通行を守ってさらに奥へと進むと第二鳥居がある。

▲神宮の鳥居は簡素なひのき造りの神明鳥居

▶火除橋を渡ると第一鳥居がある

3 御手洗場《みたらし》

かつてのみそぎの場で心身をお清めしよう

第一鳥居をくぐった右手にあるのが五十鈴川の御手洗場。参道には手水舎もあるが、昔はここで手を清めてから参拝をしていた。

清らかな水で
手と口を清めて

❶秋になれば川沿いの木々が色づき、紅葉が美しい ❷冷たい水に手を浸せば心も洗われるよう

宇治橋前の「参宮案内所」で情報収集

宇治橋のそばには参宮案内所があります。内宮に関することはここで尋ねてみましょう。内宮と外宮の境内を案内するイラストMAPやパンフレットももらえます。
MAP P31左下

石段の上に御正宮が立つ。撮影は石段の下からのみ許されている

4 御正宮《ごしょうぐう》

天照大御神が祀られるお宮

石段を設けた高台の上、最も神聖な場所にあり、四重の御垣に守られて天照大御神が鎮座する。社殿は唯一神明造（☞P41）といわれる建築様式で、一般の参拝は白絹の御幌前まで。二拝二拍手一拝の作法で心静かにおまいりを。

◀御正宮へ向かう参道も凛とした空気に包まれている

▼御正宮参拝後は、神明造を間近に見られる御稲御倉(みしねのみくら)を参拝

P34へつづきます

内宮の神様・天照大御神の話

日本人の大御祖神

天照大御神は日本神話で最も有名な女神。伊弉諾尊《いざなぎのみこと》が禊をした時に生まれたといわれ、神々の世界の統治者となった。約2000年前の垂仁天皇の御代に、皇女・倭姫命《やまとひめのみこと》により、五十鈴川の川上に鎮座。古来、日本人の大御祖神として篤い信仰を集めている。

神嘗祭や月次祭を始め、神宮では、年間約1500回もの祭事が行われるという

ご神体は八咫鏡《やたのかがみ》

内宮に祀られる天照大御神のご神体は八咫鏡で、八坂瓊勾玉《やさかにのまがたま》、草薙剣《くさなぎのつるぎ》とともに「三種の神器」の一つに数えられている。天孫降臨の際、天照大御神が孫神である瓊々杵尊《ににぎのみこと》に鏡を授け、「この鏡を私と思い、祀りなさい」とおっしゃったと伝えられる。

式年遷宮記念せんぐう館（☞P36）では神宮の歴史などを学べる

冬至前後の早朝に訪れると、宇治橋の向こう側に広がる宮域から、美しい朝日が昇る神々しい風景が見られます。

P33からつづきます

内宮《ないくう》の別宮《べつぐう》

伊勢市内には宮域内に2つ、宮域外に5つの別宮があります。御正宮へ参拝した後には宮域内の別宮へ。さらに足をのばして、遥宮《とおのみや》といわれる3つの別宮を訪れるのもいいでしょう。

❶正宮に準じて荒祭宮の遷宮も執り行われた ❷御正宮の御敷地そばの石段をまっすぐ下りると荒祭宮

5 荒祭宮《あらまつりのみや》

森の緑に包まれた重要な宮

緑に包まれた内宮の第一別宮。天照大御神の荒御魂が祀られており、祭事も御正宮に次いで行われる。清々しい空気が満ちあふれ、熱心な参拝者が絶えない。

▶付近に立つ外幣殿も必見

6 風日祈宮《かざひのみのみや》

橋の向こうに鎮座する風の神様

島路川にかかる、小ぶりの宇治橋を思わせる風日祈宮橋を渡って、森閑とした森の中へ。外宮の別宮である風宮（☞P28）と同じく、風の神である級長津彦命《しなつひこのみこと》、級長戸辺命《しなとべのみこと》を祀っている。

❶鳥居がある風日祈宮橋を渡って詣でる ❷表参道から森の奥に抜けた場所にたたずむ ❸風日祈宮橋から朝日を受ける川面を望む。風日祈宮は宮域のなかでも、ひと際静かな空気に包まれた場所

「別宮（荒祭宮）遙拝所」で拝礼もできる

御正宮前の参道にある籾種石の近くにある、しめ縄が張られた石畳の一角。荒祭宮へお参りできない場合は、こちらで拝礼するといいでしょう。
MAP P31右中

内宮からバスで5分

7 月読宮《つきよみのみや》 宮域外

静かな森に立つ4つのお宮

内宮から約1.8kmほど離れた御幸道路沿いの、深閑とした木立の中にあるお宮。天照大御神の弟神で夜を司る月の神様・月読尊とその荒御魂、日本の親神で伊弉諾尊、伊弉冉尊を祀る。木漏れ日が揺らぐ静かな参道を歩くだけで心が癒やされる、という参拝者が多い。

住伊勢市中村町742-1 ¥境内自由 ⏰1～4・9月は5～18時、5～8月は5～19時、10～12月は5～17時 交バス停中村町から徒歩5分 Pなし MAP P120C3

❶（写真右から）月読尊荒御魂、月読尊、伊奘諾尊、伊奘冉尊を祀る ❷月読尊の社殿からお参りを ❸参道をたどって森の中の社殿へ

月読宮からバスで5分

GOAL 8 倭姫宮《やまとひめのみや》 宮域外

天照大御神を導いた皇女を祀る

ご祭神の倭姫命は第十一代垂仁天皇の皇女。天照大御神の鎮座の地を求めて大和国を発ち、伊賀、近江、美濃など日本各地を巡り、伊勢ご鎮座の基盤を築いた姫神様だ。その功績をたたえ、地元の嘆願により近代になって創建された。御幸道路（県道37号）沿いに広がる緑豊かな倉田山の山中に立ち、森閑とした雰囲気。

住伊勢市楠部町5 ¥境内自由 ⏰1～4・9月は5～18時、5～8月は5～19時、10～12月は5～17時 交バス停徴古館前から徒歩3分 P43台 MAP P120C2

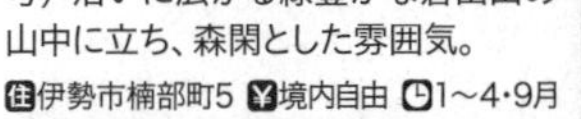

❶大正12年（1923）に創建のもっとも新しい別宮 ❷神宮徴古館にもほど近い場所にある

参集殿《さんしゅうでん》

参拝者の憩いの場

内宮の参拝者向け無料休憩所。宇治橋を渡り、第一鳥居に向かう参道の左手に建物があります。中央には能舞台があり、能や狂言などの各種行事が奉納されます。長椅子や冷水、授乳室なども用意されているほか、授与所があり、お神札やお守りなどを授与しています ⏰8時30分～16時 MAP P31左中

外宮も内宮も、宮域外の各別宮でもお守りやお神札、ご朱印などを授かることができます。

20年に一度行われる「神宮式年遷宮」をせんぐう館で学びましょう

「遷宮」は1300年以上にわたって繰り返し続けられる神宮の重要なお祭り、その歴史と意味を深く知ることができます。

式年遷宮記念せんぐう館《しきねんせんぐうきねんせんぐうかん》

神宮の祈りの精神と御装束神宝の製作工程を展示

平成25年（2013）の第62回神宮式年遷宮を記念して、外宮・勾玉池のそばに開設された。20年に一度、神様に新しい社殿にお遷りいただく「式年遷宮」は神宮の最も重要なお祭りで、内宮・外宮の社殿だけでなく、御装束神宝714種・1576点すべてが新調される。そこには単に神様に新しい社殿にお遷りいただくだけでなく、日本に伝わる技術を未来へ継承してゆく、という重要な意味も込められている。館内では、外宮正宮の側面部分の原寸大模型（写真右上）や御装束神宝の製作工程、奉仕員の表情まで忠実に再現された式年遷宮「遷御の儀」も6分の1スケールで展示。神宮の年中行事の概要を示すパネル展示や、伊勢神宮、式年遷宮、神道について身近に感じられる講演や講座なども随時企画され、神宮を深く知ることができる博物館だ。

☎0596-22-6263 住伊勢市豊川町前野126-1（外宮まがたま池）¥300円 ◷9時～16時30分（入館は16時まで）休第2・第4火曜（祝日の場合は翌日）展示替えのための臨時休館あり P434台（外宮駐車場利用）MAP P121B2

1 外宮正殿の東側側面四分の一が原寸大で再現され、神明造りの社殿の構造がよくわかる 2 外宮殿舎配置模型で普段立ち入ることのできない御垣内の姿を拝見できる 3 外宮勾玉池のほとりに立つ施設 4 本殿を出て新宮に向かわれる「渡御」の様子を再現した渡御御列模型

お伊勢まいりの心得　その壱

ふむふむコラム

fumu fumu

おまいり前に知っておきたい 伊勢神宮の基礎知識

**伊勢神宮とはどんな神社なのか、他の神社とは何がどう違うのか？
その歴史や神話、成り立ちを知っておきましょう。**

全国の神社の中心をなす 日本人の総氏神

「お伊勢さん」と親しまれ、「心のふるさと」とうたわれる伊勢神宮。正式な名称は「神宮」で、日本全国約8万の神社の中心となる存在です。ただし、神宮とはひとつの神社ではなく、皇大神宮（内宮）、豊受大神宮（外宮）をはじめ14の別宮、109の摂社、末社、所管社を合わせた125社の総称。その宮域は広大で、伊勢市の4分の1に当たる約5500ヘクタールにも及びます。

▲聖域は太古の森に包まれている

神宮の起源は古く、『日本書紀』によれば、およそ2000年前、五十鈴川の川上に天照大御神が鎮座されました。天照大御神は日神《ひのかみ》で高天原《たかまのはら》の最高神。皇室の祖先神であり日本人の総氏神《そううじがみ》です。もともと皇居に祀られていましたが、第10代崇神《すじん》天皇は御殿を共にすることは恐れ多いと、皇居外に祀ることを決意。その後、第11代垂仁《すいにん》天皇の皇女である倭姫命《やまとひめのみこと》がふさわしい宮地を求めて諸国を巡り、現在の地に辿り着きました。三種の神器《じんぎ》のひとつ八咫鏡《やたのかがみ》をご神体として天照大御神を祀るのが、皇大神宮（内宮）です。内宮に対し外宮と並び称されるのが豊受大神宮で、衣食住をはじめとする産業の守護神、豊受大御神を祀ります。皇大神宮の創建から約500年後、天照大御神の食事を司る神として丹波の国（現在の京都府北部）から招かれました。以来、1日2度の食事を神々に供える日別朝《ひごとあさ》夕大御饌祭《ゆうおおみけさい》が毎日続けられています。この祭を含め神宮で営まれる祭は年間1500回以上も。10月に行われる神嘗祭《かんなめさい》はその頂点をなし、その年の初穂《はつほ》を神々に捧げます。「外宮先祭《げくうせんさい》」といって、祭は外宮、内宮の順に行われますが、おまいりもその順に行うのが古くからの習わし。両宮の正殿《しょうでん》は唯一神明造《ゆいいつしんめいづくり》と呼ばれる日本古来の建築様式。20年に一度社殿を建て替える「式年遷宮《しきねんせんぐう》」により古来の姿がよみがえります。

江戸時代には庶民による おかげ参りが大流行

皇室の祖先神であることから、「私《し》幣禁断《へいきんだん》」（個人による捧げものを禁止）とされた神宮ですが、中世以降は一般の参拝が増加。その背景にあったのが御師《おんし》の存在で、伊勢参りの功徳を説いて回り、御祈祷《ごきとう》の取り次ぎ、お札《ふだ》の配布から宿や食事、お土産の手配まで便宜をはかりました。江戸時代には庶民が集団で伊勢まいりをする「おかげ参り」ブームが到来。神宮のお札が天から降った、病気が治ったなど伊勢まいりの御利益《ごりやく》が口々に伝えられ、慶安3年（1650）を皮切りにほぼ60年ごとに大流行。文政13年（1830）のそれは最も大規模で、参拝者数は数百万人にもふくれあがったといわれます。
「伊勢に行きたい　伊勢路が見たい　せめて一生に一度でも」（伊勢音頭）と伊勢を目指した人々の心は現代にも受け継がれ、近年の神宮は毎年700万人を超える参拝者を迎えています。

1 木漏れ日の美しい参道を玉砂利を踏みしめながら御正宮へと進む 2 神宮125社の中心、内宮の御正宮。四重の御垣が巡らされた一番奥に天照大御神を祀る御正殿がある

◀主人の代わりにおかげ参りをしたといわれる代参犬「おかげ犬」

ふむふむコラム

お伊勢まいりの心得　その弐

おまいり前に覚えておきたい参拝・ご祈願の作法と礼儀

お伊勢まいりに出かける前に、ぜひ知っておきたい作法と礼儀。
マナーを守って清々しいおまいりをしましょう。

正しい作法でスマートにおまいりするために

参拝前には手水舎でお清めをしてからご神前へ。
二拝二拍手一拝の作法でおまいりを。

い　まずは鳥居をくぐって参道へ

鳥居は宮域の玄関口。ここから神域に入るので、通過する際には軽く一礼をし、神様を敬う気持ちで鳥居の中央を避けて、端を歩くのが礼儀です。

↓

ろ　手水舎に寄り心身を清める

手水舎は俗世のけがれを清める場所。正しい作法で心身のお清めをしましょう。伊勢神宮の内宮にある御手洗場(☞P32)でも手を清めることができます。

↓

左手を洗う
まず柄杓を右手で持って水を汲み、左手から洗い清める。水量は多めにすくっておきたい

右手を洗う
次に、柄杓を左手に持ち替えて、今度は右手に注いで手を洗い清める。左→右の順番がポイント

口をすすぐ
もう一度柄杓を右手に持ち替えて、左手で水を受け口をすすぐ。柄杓に口を付けるのはNG

柄杓を立てて清める
口をすすいだ左手をもう一度洗い清め、最後に柄杓を立てて残った水を流して洗い清める

元の位置に戻す
すべてのお清めを終えたら、使用した柄杓を元の位置にきちんと戻しておくのを忘れずに

↓

は　静粛な心持ちでご神前へ

御正宮などお宮の前で参拝する際は、くれぐれも静粛に。お賽銭も勢いよく投げ入れずに静かに入れましょう。長くお祈りしたい場合は、正面を避けて、脇に立つといいでしょう。

↓

に　二拝二拍手一拝の順に拝礼

頭を下げてお辞儀をする「拝」、両手を打ち合わせる「拍手」を正しい順番で行います。「二拝二拍手一拝」の順が一般的です。

↓

ご神前に立つ
ご神前に向かってまっすぐ立ち、心を落ち着かせて姿勢を正してから前に進む

「拝」を2回
背筋を伸ばしたまま、およそ90度に腰を折って2回おじぎを繰り返す

手のひらを合わせる
2回の「拝」を済ませたら、両手を胸の高さまで上げて手のひらを合わせる

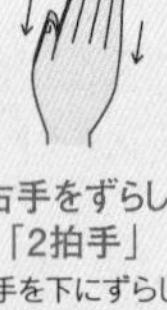

右手をずらし「2拍手」
右手を下にずらし、両手を肩幅ぐらいに開いてから2回手を打ち合わせる

手を合わせてお祈り
手を打ち終えたら、右手を元に戻して指先を揃えてから静かにお祈りを

最後に「拝」を1回
最後にもう一度90度に腰を折っておじぎを1回。静かにご神前を離れる

↓

ほ　帰り道も鳥居をくぐります

拝礼を済ませた帰り道も、来た時と同様に鳥居をくぐって帰ります。ご正宮の方へ一礼するとより丁寧です。

最も丁寧なご祈願「お神楽」を奉奏

**神楽とは古くから神事に用いられてきた歌舞。
外宮、内宮ともに神楽殿で申し込むことができます。**

神様に舞楽を捧げ、ご加護を祈る「お神楽」

参拝者の祈願を、祝詞《のりと》という古来の形式で神様に取り次ぐ際に奉奏される「お神楽」。神様への感謝を捧げ、さらなるご加護をお祈りする儀式で、伝統ある神宮のお神楽では優雅な舞や雅楽が神に捧げられます。

A 神宮の楽師たちが捧げる舞楽
B お神楽があげられる内宮の神楽殿
C 神宮独特の舞楽「倭舞」が舞われる

◉ お神楽の申込み方

外宮または内宮の神楽殿で受付。申込み用紙に住所、氏名、祈願内容を記入し、初穂料《はつほりょう》(1万5000円~)を添えて申し込みます。受付は両宮ともに8時30分~15時30分頃までで、所要約20分~(内容によって異なる)。また「お神楽」のほかに「御饌《みけ》」とよばれるご祈祷もあり内宮では御饌殿で外宮では神楽殿で執り行います。

◉ 受け方のマナー

お神楽は正式なご祈祷なので、できるだけフォーマルな服装で臨むこと。携帯電話は電源オフに。

お神楽の順序

お祓いと祝詞を奏上している間は、正座をして頭を下げるのが基本です。

❶ お祓い

最初に神職によるお祓いを軽く頭を下げて受ける

❷ 雅楽の演奏とお供え

舞女がご神前にお神札と神饌(お食事)のお供えをする

❸ 祝詞奏上

神職がご神前に祈願内容をお伝えする。この間深く頭を下げ、願いを込める

❹ 舞(神楽・舞楽)

ご神前で、舞女や楽師による神楽や舞楽が捧げられる

**❺ 雅楽の演奏
(お供えを下げる)**

舞女がご神札と神饌のお供えを、ご神前から下げる

❻ 拝礼《はいれい》

二拝二拍手一拝の作法で拝礼をする

❼ お神札とおさがりの授与

祈願の込められたお神札とおさがり(神饌)を受け取る

ふむふむコラム fumu fumu

お伊勢まいりの心得　その参

神宮の大祭「式年遷宮」と「唯一神明造」の秘密を探る

式年遷宮に代表される伊勢神宮の伝統的な祭事や建築様式など、神宮に関する知識があると、より奥深い参拝ができます。

1300年以上続く神聖な大祭「式年遷宮」

20年に一度の「式年遷宮」は、神様を新しい宮へお遷しする儀式。持統天皇の頃から続く、伊勢神宮にとってかけがえのない祭事です。

持統天皇の治世から継承された祭事

式年遷宮とは20年に一度、神宮のすべての社殿を建て替え、ご装束、ご神宝など一切を新調し、旧社殿の隣の新御敷地に建てられた新宮へ神様をお遷しする祭事のこと。最初の式年遷宮が行われたのは、持統天皇4年(690)。第62回となった式年遷宮は平成25年に行われ、その準備の諸祭は平成17年から進められていました。

A

B

C

D

E

A内宮の御正宮 B大宮地に坐す神様を鎮める「鎮地祭」C新しい宇治橋を伊勢市民から選ばれた渡女が渡る「宇治橋渡始式」D御柱を打ち固め、新殿の安泰を祈る「立柱祭」E神様が新殿へとお遷りになる「遷御」

●第62回に行われた式年遷宮の諸祭

平成17年

【5月】**山口祭《やまぐちさい》**
遷宮の御用材を伐る山の神様を祀り安全祈願

【6月】**御杣始祭《みそまはじめさい》**
御用材を正式に伐採する祭儀が行われる

平成18年

【5月】**御木曳行事《おきひきぎょうじ》**
御用材を古式のままに両宮域内に奉献する

平成20年

【4月】**鎮地祭《ちんちさい》**
新しい大宮地に坐す神様を鎮め祀る

平成21年

【11月】**宇治橋渡始式《うじばしわたりはじめしき》**
架け替えられた新しい宇治橋を渡る儀式

平成24年

【3月】**立柱祭《りっちゅうさい》**
正殿の御柱を立て奉る祭事

平成25年

【8月】**御白石持行事《おしらいしもちぎょうじ》**
新宮の御敷地に敷きつめる御白石を伊勢市民や全国の崇敬者が奉献する

【9月】**心御柱奉建《しんのみはしらほうけん》**
正殿の床下中央に建てられる重要な心御柱を奉献する儀式

【10月】**後鎮祭《ごちんさい》**
新殿の竣功に際し、大宮地の平安を祈る祭事

川原大祓《かわらおおはらい》
新調したご装束やご神宝を川原祓所で祓い清める

遷御《せんぎょ》
ご神体を新宮に遷し祀る、遷宮の中核を成す祭儀

大御饌《おおみけ》
遷御の翌日、神宮で初めての大御饌を奉る儀式

四季の主な祭事&行事カレンダー

伊勢神宮では、神嘗祭《かんなめさい》を中心に、一年を通じてさまざまな祭事が行われます

春

国民の平和を祈って、内宮神苑で舞楽が披露される春の神楽祭

【4月上旬】	**神田下種祭**（神宮神田）
【4月28～30日】	**春の神楽祭**（内宮）
【5月14日】	**風日祈祭**（内宮・外宮）

夏

国の重要無形民俗文化財にも指定されている伊雑宮御田植式

【6月1日】	**御酒殿祭**（内宮／御酒殿）
【6月15～17日】	**月次祭**（内宮・外宮）
【6月24日】	**伊雑宮御田植式**（伊雑宮）
【6月30日】	**大祓**（内宮／第一鳥居内祓所）
【8月1日】	**八朔参り**（内宮・外宮）
【8月4日】	**風日祈祭**（内宮・外宮）

伊勢神宮でしか見られない「唯一神明造《ゆいいつしんめいづくり》」

**神宮の神様のお住まいは、現存する神社建築で最も古い様式です。
内宮と外宮でちょっと異なる造りにも注目してみましょう。**

古来の姿を伝える建築美

高床式の穀倉がルーツ「唯一神明造」とは？

伊勢神宮の社殿は、古代の穀倉の形式から発展したといわれています。萱葺きの屋根は切妻・平入りで、柱は檜の素木を地中に埋める掘立式。ほかの神社の神明造と区別して、唯一神明造とよばれる格式高い形式です。

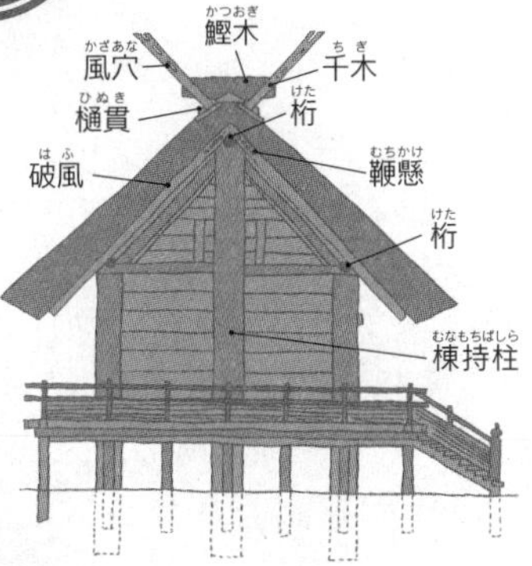

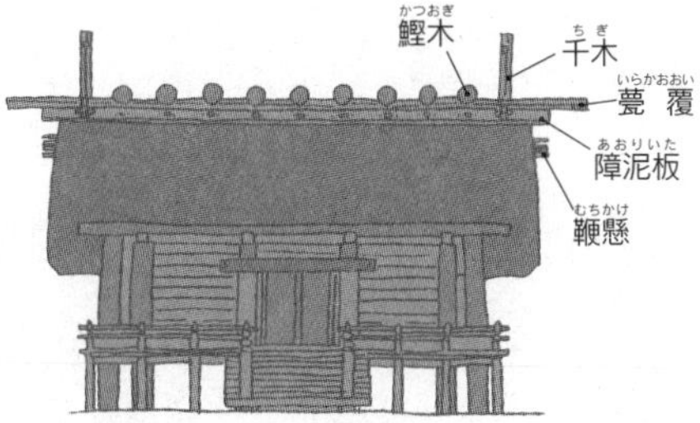

千木と鰹木が違います

内宮と外宮で異なる造りに注目しよう

同じ「唯一神明造」でも、両宮では造りが少し異なります。屋根を飾る千木の切り口が、内宮は内削、外宮は外削であるほか、屋根の重しのような役目をする鰹木の数が、内宮のお宮は偶数で外宮のお宮は奇数で揃えられています。

外宮では、千木の先端が地面に対して垂直に切られる外削

内宮では、千木の先端が地面に対して水平に切られる内削

A式年遷宮記念せんぐう館(☞P36)では唯一神明造が間近で見られる
B外宮の「土宮」。内宮との千木の違いに注目しよう

秋

【9月上旬】	**抜穂祭**(神宮神田)
【中秋】	**観月会**(外宮)
【秋分の日をはさむ3日間】	**秋の神楽祭**(内宮)
【10月15～17日】	**神嘗祭**(内宮・外宮)
【11月23日】	**新嘗祭**(内宮・外宮)

Aその年の新穀を奉る神嘗祭
B幣帛を奉り奉幣の儀を行う新嘗祭

冬

大御饌を22時と翌2時の2度奉り、次いで正午に奉幣の儀が行われる月次祭※夜間の奉拝はできません

【12月15～17日】	**月次祭**(内宮・外宮)
【1月1日】	**歳旦祭**(内宮・外宮)
【1月7日】	**昭和天皇祭遙拝**(内宮／第一鳥居内祓所)
【1月11日】	**一月十一日御饌**(内宮)
【2月11日】	**建国記念祭**(内宮・外宮)
【2月17日】	**祈年祭**(内宮・外宮)
【2月23日】	**天長祭**(内宮・外宮)

※日程は変更となる場合があります。おでかけ前にご確認をお願いします。

伊勢神宮の鬼門を守る寺 朝熊岳金剛證寺におまいり

神宮の奥の院ともいわれ、伊勢神宮に参宮する人々は必ずおまいりしたという寺院。伊勢音頭にも「お伊勢かへりに朝熊をかけよ、朝熊かけねば片参宮」と唄われた。

本堂《ほんどう》（摩尼殿《まにでん》）

金剛證寺本堂（摩尼殿）は慶長14年（1609）に姫路城主池田輝政公の造営により再建された桃山時代の壮麗な建造物。ご本尊の虚空蔵菩薩は秘仏で、20年に一度、式年遷宮の翌年に御開帳される（前回は2014年）。

▲本堂（摩尼殿）は国の重要文化財に指定

金剛證寺《こんごうしょうじ》

伊勢の最高峰に開かれた伊勢神宮の奥之院

朝熊山山上にある金剛證寺は伊勢神宮内宮の鬼門を守る霊山として信仰された寺院。弘法大師・空海によって密教修行の道場が開かれ隆盛したが、現在では臨済宗南禅寺派の寺院。奥之院への参道には卒塔婆がそびえ立ち、亡くなった人の魂は伊勢最高峰のこの山から天へ昇るとの信仰がある。☎0596-22-1710 住三重県伊勢市朝熊町548 交近鉄五十鈴川駅から三重交通参宮バスで24分、金剛證寺下車徒歩5分 ⏰9時～15時45分 休なし MAP折込裏G3

1 本堂（摩尼殿）内陣には秘仏虚空蔵菩薩像を祀る 2 奥之院への参道には卒塔婆が立ち並ぶ

「萬金飴」を参詣みやげに

萬金丹は室町時代の頃から伊勢に伝わる和漢薬。古くから朝熊岳金剛證寺やお伊勢参りの人々に販売され、懐中薬として重宝された小粒の丸薬だ。萬金飴はカンゾウなど萬金丹に使用する和漢植物を黒糖に配合した飴菓子。1袋400円で境内の売店で買うことができる。

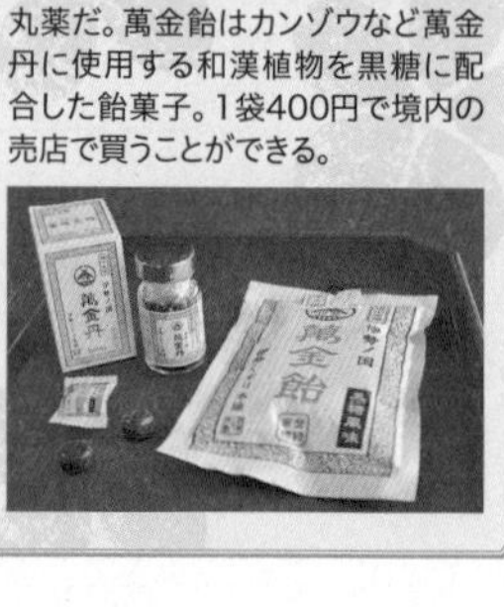

ひと足のばして
内宮の遙宮にも参拝しましょう

内宮から遠く離れた地に、天照大御神の御魂を祀る2つの別宮があります。
それらは遙宮と呼ばれ、豊かな自然に囲まれた聖地です。

瀧原宮《たきはらのみや》

太古の森に包まれた水の聖地

倭姫命が御杖代として天照大御神を奉戴してご鎮座の地を求め、宮川の上流に宮殿を造立されたのが起源。美しい渓谷沿いに並び立つ二つの宮に天照大御神の御魂を祀る。樹齢数百年を超える杉木立に包まれた参道から、石段を降りて御手洗場へ。お参りの前には宮域を流れる清らかな谷川の水で心身を清めるのが昔ながらの作法だ。☎0596-24-1111(神宮司庁) 住大紀町滝原872 ¥境内自由 ⏰1～4・9月は5～18時、5～8月は5～19時、10～12月は5～17時 交JR滝原駅から徒歩15分 P10台 MAP折込裏B4

1(写真右から) 瀧原宮と瀧原並宮 2谷川の水が流れる御手洗場で心身を清めよう 3若宮神社は瀧原宮の東に祀られる

伊雑宮《いざわのみや》

お田植式で知られる遙宮

志摩の海にほど近い磯部町にあり、地元では「いぞうぐう」とも呼ばれ親しまれている別宮。天照大御神の御魂をお祀りし、古くから地元の人々によって海の幸、山の幸の豊穣が祈られてきた。倭姫命が御贄地を定めるために志摩国をご巡行された後、伊佐波登美命という神に迎えられ、この地に神殿を創建したと伝わる。毎年6月24日に行われる御田植式は国の重要無形民俗文化財に指定されている。☎0596-24-1111(神宮司庁) 住志摩市磯部町上之郷374 ¥境内自由 ⏰1～4・9月は5～18時、5～8月は5～19時、10～12月は5～17時 交近鉄上之郷駅から徒歩3分 P30台 MAP折込裏G4

1古来神宮と朝廷の御料を貢進した地 2隣接する御神田では毎年御田植式が行われる 3地元では漁業の守り神として信仰を集める

伊雑宮、瀧原宮の各別宮でも、御神札やお守り、御朱印などを授かることができます。

これしよう！

おはらい町とおかげ横丁を散策

内宮の宇治橋前から続く門前町。通りに沿って店が連なる。(☞P46～49)

これしよう！

風情ある蔵の町河崎を探訪

かつての商家や蔵を改装した資料館やカフェ、雑貨店が点在。(☞P58)

これしよう！

景勝地・夫婦岩で縁結びのご祈願を

二見浦の海辺の景勝、夫婦岩。縁結びのパワースポットとして人気。(☞P56)

伊勢エリアはココにあります！

おかげ横丁の赤福本店で一服

名物の伊勢うどんも必食

伊勢神宮の歴史と神話が息づく

伊勢《いせ》タウン

こんなところ

伊勢神宮内宮前には門前町として栄えた「おはらい町」と江戸時代の町並みを再現した「おかげ横丁」が広がり、伊勢の名物グルメや、みやげ物店などが集まる一大観光スポットです。また、蔵を改装した店が点在する昔町・河崎や、縁結びで有名な二見の夫婦岩など、お伊勢まいりに合わせて訪れたい場所がたくさんあります。

access

●伊勢市駅から二見まで
伊勢市駅からJR参宮線で二見浦駅まで約8分

●伊勢市駅から河崎まで
JR・近鉄伊勢市駅から徒歩で10～20分

※伊勢市駅までは☞P116参照

問合せ
☎0596-65-6091
伊勢市駅観光案内所

広域MAP P120～121

～伊勢エリア　はやわかりMAP～

おすすめコースは

6時間

伊勢市駅を起点に、まずは外宮参道を通って外宮にお参り。その後はバスに乗って内宮をおまいりしよう。おかげ横丁に立ち寄った後は二見エリアに移動し、縁結びを祈願しよう。

- スタート　JR・近鉄伊勢市駅
- ▶徒歩すぐ
- 1　食べる　外宮参道
- ▶徒歩すぐ
- 2　見る　伊勢神宮（外宮）
- ▶バス20分
- 3　見る　伊勢神宮（内宮）
- ▶徒歩すぐ
- 4　買う　おかげ横丁
- ▶バス20分
- 5　遊ぶ　伊勢シーパラダイス
- ▶徒歩10分
- 6　見る　二見興玉神社
- ▶徒歩15分
- ゴール　JR二見浦駅

お伊勢さんの門前町「おはらい町」懐かしい風景に出会えます

ゆっくり歩いて
120分

内宮参拝の後は、宇治橋からほど近い門前町散策を楽しみましょう。
約800m続く石畳の風情ある通りには、銘菓の老舗やみやげ物店が軒を連ねます。

おはらい町って こんなところ

五十鈴川に沿った石畳の道沿いに続く内宮の門前町。約800mに渡って続く通り沿いには、切妻造や妻入りといった趣のある商家が立ち並び、伊勢みやげを売る店や食事処などがたくさん並んで、訪れる人々をもてなします。

問合せ 伊勢市駅観光案内所 ☎0596-65-6091
アクセス JR・近鉄伊勢市駅から三重交通バス内宮前行きで20分、終点下車すぐ
P 市営駐車場利用
MAP P120C4

伊勢うどん

1 岡田屋《おかだや》

名物の伊勢うどんを門前町で味わう

もちもち食感がおいしい太めの麺を、甘辛いタレに絡めて食べる郷土料理・伊勢うどん。カツオベースのだしに濃口醤油を加え、一日寝かせてとろみを出す自家製のこだわりダレがおいしいと評判。麺に玉子をからめた伊勢うどんも。

☎0596-22-4554
🕒10時30分～17時
休 木曜（祝日の場合は前日）、月1回水曜休
MAP P47左下

1 伊勢うどんのアレンジも多彩に揃う 2 伊勢うどん600円。玉子入り650円も美味

酒屋

2 白鷹 三宅商店《はくたか みやけしょうてん》

伊勢神宮ゆかりの酒が豊富に揃う

神宮の神前に朝夕供えられる御料酒ゆかりの酒「白鷹」を販売。一升瓶や菰樽など、好みで選べるのもうれしい。また、三重県の地酒や地麦酒などさまざまなお酒を取り扱っている。

☎0596-22-4506 🕒10～17時 休 不定休 MAP P47左下

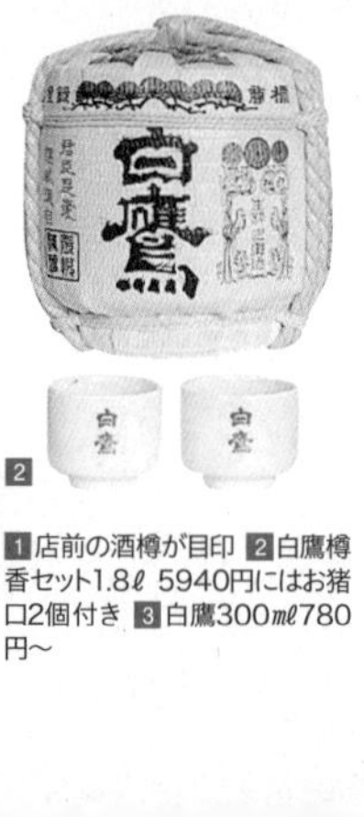

1 店前の酒樽が目印 2 白鷹樽香セット1.8ℓ 5940円にはお猪口2個付き 3 白鷹300㎖780円～

日本文化の魅力を知る

おはらい町の「五十鈴塾」は、昔ながらの日本家屋で、生活や伝統に関する講座を幅広く開催。座敷に腰を落ち着け、和の心を再確認できそう。
☎0596-20-8251 MAP P47右中

1 煎茶「リラックス茶」500円 2 五合山盛り一杯をその場で袋詰めして提供する「升茶」 3 店舗奥にずらりと並ぶ茶箱

伊勢茶

3 伊勢宇治園《いせうじえん》 内宮前店《ないくうまえてん》

ひと味違う伊勢茶でほっこり休憩

伊勢の特産品である伊勢茶の専門店で、県内の農園から届く多彩な茶葉が揃う。店頭では、その場でていねいに淹れた煎茶やほうじ茶、抹茶などを楽しめる。店主こだわりの茶葉の中からお気に入りを見つけよう。☎0596-23-0764 🕒9時30分～16時30分 休無休 MAP P47左中

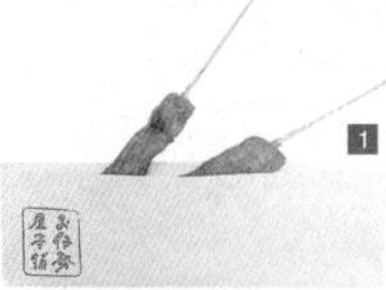

串カツ

4 お伊勢屋本舗《おいせやほんぽ》

名物肉まん&伊勢豚の串カツ

店頭で蒸す福まんには、松阪牛を甘辛く仕上げたしぐれ煮の餡がたっぷり。体脂肪を燃焼させる成分が通常の約3倍含まれるという伊勢豚の串カツも人気。☎0596-22-7193 🕒10～17時（繁忙期は9～18時） 休不定休 MAP P47中下

1 ヘルシーな串カツの串とん2本入300円 2 福まん450円を販売

1 うの花どーなつ1個120円は甘さひかえめで大人の味 2 市内の常連客も多い

スイーツ

5 豆腐庵山中《とうふあんやまなか》

ヘルシーな豆腐スイーツ

豆腐で作るあっさりスイーツが揃う。天然にがりと五十鈴川の水を使った豆腐を使用したおとうふソフト350円のほか、おからを練り込んだ生地で作る、うの花どーなつが看板商品。☎0596-23-5558 🕒10～16時 休木曜 MAP P47中下

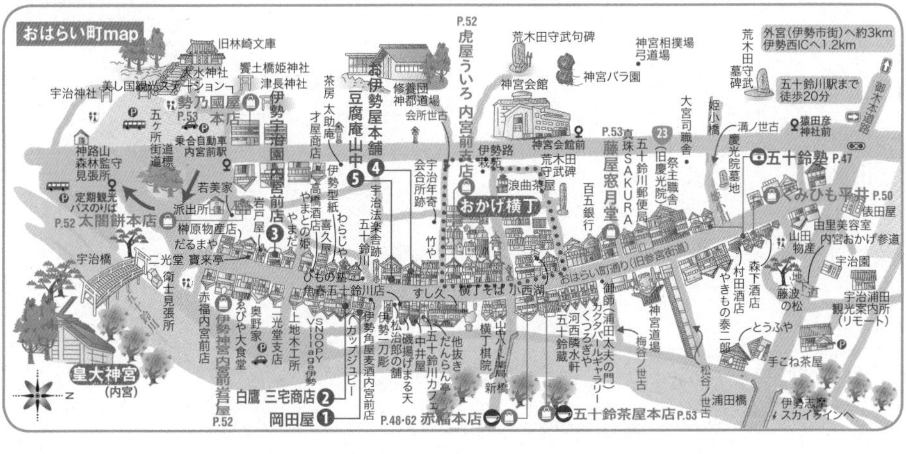

郷土料理や名物グルメがおいしい 賑やかな「おかげ横丁」を歩きましょう

おはらい町のなかほどにある、ひときわ賑やかな一画がおかげ横丁です。
約4000坪の敷地に、伊勢路の伝統的な建築物と名物店が集まります。

ゆっくり歩いて
60分

おかげ横丁ってこんなところ

おはらい町の真ん中に位置し、お伊勢まいりが隆盛した江戸から明治期の建物を移築・再現。入り組んだ路地に約50軒のさまざまなお店が集まり、食事や買物のほか、随時開催される季節の催しなども楽しむことができます。

問合せ おかげ横丁総合案内 ☎0596-23-8838
アクセス JR・近鉄伊勢市駅から三重交通バス内宮前行きで20分、神宮会館前下車すぐ
P 市営駐車場利用(有料) MAP P120C4

▲比較的静かな午前中の来店がおすすめ。のんびり五十鈴川を眺めながら一服を

▲江戸～明治期の趣ある建物が並び立つ

赤福餅

1 赤福本店《あかふくほんてん》

伊勢みやげの代名詞を本店で

宝永4年（1707）創業の老舗。おかげ横丁の本店では、参拝客をもてなし続ける名物"赤福餅"のつくりたてを、香ばしいほうじ茶と一緒に味わえる。柔らかな餅となめらかなこし餡の赤福餅は、形も愛らしい。

☎0596-22-7000 🕒5～17時 休無休 MAP P49中下

▲赤福餅2個300円をほうじ茶とともに

1 伊勢路膳3600円 2 朔日朝粥(☞P49)も販売

てこねずし

2 すし久《すしきゅう》

伊勢路の郷土料理 "てこね寿し"

てこね寿しとは、漁師が釣ったカツオの切り身と酢飯を手で混ぜて食べていたのが始まりとされる郷土料理。定番のてこね寿し1460円のほか、とろろやひつまぶしもおすすめ。☎0596-27-0229 🕒11時～16時30分LO（毎月末日は～14時30分LO。季節により異なる）休無休 MAP P49左下

1 魚介たっぷりの海鮮丼2000円が名物 2 伊勢エビの看板が目印

海鮮料理

3 海老丸《えびまる》

魚介の風味が豊かな漁師料理

季節の魚介を使った料理が自慢で、地魚や季節の魚介をふんだんに使用した海鮮丼が人気。秋冬は活伊勢エビのお造り、または焼き物をいただこう。

☎0596-23-8805 🕒11時～16時30分LO（季節により異なる）休無休 MAP P49左上

町並み散策も
楽しいね♪

毎月末日は「みそか寄席」へ！

おかげ横丁にあるすし久（☞P48）の2階では、毎月末日の"みそか"に合わせて、「みそか寄席」が開催されます。☎おかげ横丁総合案内 0596-23-8838 MAP P49左下

牛肉料理

4 豚捨《ぶたすて》

▶食事スペースもある

カリッと揚がった名物コロッケ

明治42年（1909）創業の老舗精肉店。店頭で販売される、外はサクサク中はモチモチのコロッケやミンチカツが好評。牛鍋2500円～や、すき焼9000円～などの牛肉料理もある。

☎0596-23-8803 🕘9時30分～16時30分LO（食事は11時～、季節により異なる）休無休 MAP P49左中

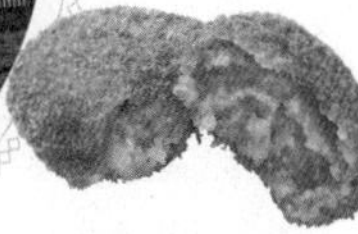

▲定番のコロッケ120円は人気の横丁名物

伊勢醤油

5 伊勢醤油本舗《いせしょうゆほんぽ》

醤油を味わうソフトクリーム

▲醤油蔵のような店内

醤油の香ばしさを楽しめるコク深い伊勢醤油ソフトクリームが味わえる。店内では伊勢神宮にも奉納される伊勢醤油や、伊勢醤油を使った調味料・食品も購入できる。☎0596-23-8847 🕘9時30分～17時（季節により異なる）休無休 MAP P49右中

▲伊勢醤油ソフトクリーム350円

伊勢かまぼこ

6 若松屋《わかまつや》

▶イートインもできる

アツアツ揚げたてチーズ棒

地元の名産品として知られる伊勢かまぼこの老舗。散策にぴったりな練り物商品が多彩に揃い、揚げたてを食べられる。ひりょうず400円も大人気。☎0596-23-8833 🕘9時30分～17時（季節により異なる）休無休 MAP P49中央

▶チーズ棒400円など種類の豊富さも魅力

毎月一日は
朔日《ついたち》参りへ

毎月1日の「朔日参り」に合わせて、横丁内のお店では朔日メニューを販売（売り切れ次第終了）。月ごと（1月を除く）に各店でお粥や雑炊などが登場します。

ここで食べられます

すし久・海老丸・横丁そば 小西湖・五十鈴川カフェなど

▲「すし久」の11月メニューかき雑炊900円

おかげ横丁では、正月はもちろん、節分や七夕など、季節に合わせた多彩な催しが開催されています。

おかげ横丁で見つけました 連れて帰りたくなる雑貨たち

みやげ店が集まるおかげ横丁には、かわいい雑貨との出会いがたくさん。
旅の思い出にお気に入りのアイテムを持ち帰ってみませんか？

ポチ袋
各330円
伊勢玩具のけん玉をしたり、祭りを楽しんだりする愛らしいネコが描かれた、おかげ横丁のオリジナルアイテム。❶

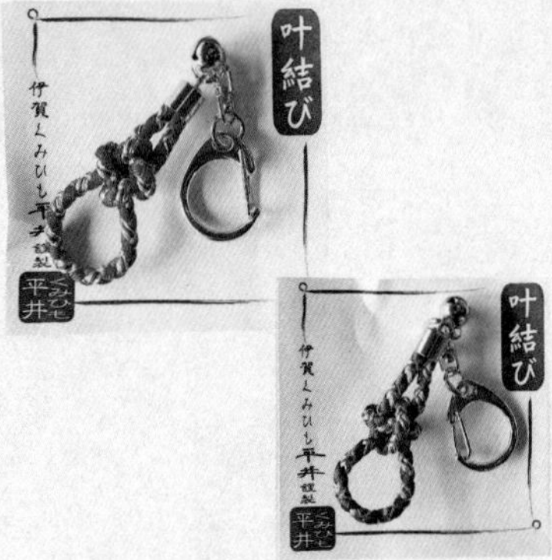

叶結びのキーホルダー
880円
叶（かのう）結びとは、結び目の裏表が「口」と「十」の字になり、合わせて「叶」になる縁起の良い結び方。お守りに。❸

招き猫おみくじ
各400円
手のひらサイズの陶器の招き猫で、中におみくじが入っている。右手挙げは金運を、左手挙げは人を招くとされる。❶

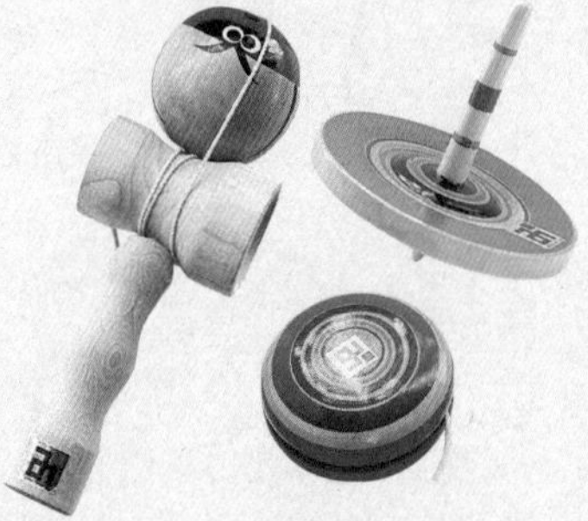

伊勢玩具
てんとう虫けん玉
1100円
長手独楽 550円
ヨーヨー 550円
古くからお伊勢まいりのみやげとして定番だったのが伊勢玩具。伝統ある工芸品でひとつひとつ職人が手作りする素朴なおもちゃ。❷

招き猫がずらりと並ぶ

① 吉兆招福亭《きっちょうしょうふくてい》

☎0596-23-8852
🕒9時30分～17時
（季節により異なる）
休無休
MAP P49中上

昔懐かしい玩具がたくさん

② 孫の屋三太《まごのやさんた》

☎0596-23-8851
🕒9時30分～17時
（季節により異なる）
休無休
MAP P49中上

カラフルなくみひも雑貨の店

③ くみひも平井《くみひもひらい》

☎0596-26-2377
🕒9時30分～17時
（季節により異なる）
休無休
MAP P47右中

伊勢路の特産品なら「伊勢路 名産味の館」

おかげ横丁内の「伊勢路 名産味の館」では、伊勢茶や伊勢たくあんなど特産品を買うのがおすすめ。ほかに伊勢路道中菓子なども販売。☎0596-23-8820 MAP P49左上

ドーマンストラップ
2640円～

海女さんが付ける魔除けマークをデザインしたシルバー製ストラップ。紐の色も豊富で、友だちとお揃いにする人が多い。❹

おかげ犬御守り木札
各495円

主人に代わってお伊勢まいりをしたという代参犬をモチーフにしたおかげ犬のお守り。中には犬をかたどった、可愛らしい木札が包まれている。❺

がま口小銭入れ
880円

松阪もめんを代表する縞模様を取り入れた小銭入れ。大きさや柄違いなど豊富な品揃えなので、どれを買うか迷ってしまいそう。❻

おかげ犬みくじ
400円

代参犬をモチーフにしたおかげ犬のおみくじ。中に入っているおみくじには、お伊勢まいりの豆知識も記されている。❺

おかげ犬豆ポーチ
1045円

愛らしいおかげ犬の和風イラストがデザインされたポーチ。ほかにも同じデザインのてぬぐいや巾着などを各種販売する。❺

おかげ犬ぬいぐるみ(大)
5500円

三重の伝統工芸・松阪もめんで作った人気者。美しい藍色に染まった旗を自慢げに掲げる雄姿がポイント。2860円(小)もある。❻

伊勢で見つける暮らし用品

④ しろがね屋《しろがねや》

☎0596-23-8825
🕒9時30分～17時
(季節により異なる)
休無休
MAP P49中上

おかげ犬商品が揃う

⑤ おみやげや《おみやげや》

☎0596-23-8838
🕒9時30分～17時
(季節により異なる)
休無休
MAP P49左下

紺色が美しい松阪もめん

⑥ もめんや藍《もめんやあい》

☎0596-23-8809
🕒9時30分～17時
(季節により異なる)
休無休
MAP P49中下

おかげ横丁では、各店舗の屋根瓦にも注目。打ち出の小槌や大黒様などの縁起物のほか、かわいい動物も見つかります。

眺めてほっこり、食べてにっこり どこか懐かしい伊勢の和菓子

多くの参拝客が旅のみやげにしたという門前町の銘菓。
作り手の気持ちが込められたこだわりのスイーツをお持ち帰り。

虎ういろ　1本550円
よもぎういろ　1本600円
小倉ういろ　1本600円

柚子風味と黒砂糖ういろを重ねた虎ういろなど、種類も豊富

生姜糖（一口タイプ）
1袋650円

生姜汁と砂糖を型に流し込んだお菓子。カリッとした食感が◎

太閤出世餅
ほうじ茶つき
2個250円

秀吉が美味と讃えたという焼餅。上品な甘さに炊き上げたつぶあん入り。

おはらい町

虎屋ういろ《とらやういろ》 内宮前店《ないくうまえてん》

昔ながらの製法を守る生ういろ

大正12年(1923)創業の老舗。もっちりとした弾力と自然の甘みがおいしい生ういろを販売。四季の食材を使った季節限定商品も。バラエティ豊かに揃うので、要チェック。

☎0596-29-0008
🕘9～17時 休無休
MAP P47中下

ベビーカステラ・虎虎《ことら》焼1袋600円。伊勢茶風味もある

おはらい町

伊勢神宮内宮前《いせじんぐうないくうまえ》 岩戸屋《いわとや》

お伊勢まいりの定番みやげが揃う

宇治橋側からおはらい町に入ってすぐ、お多福の看板が目印。自社で製造販売している生姜糖や岩戸餅のほか、伊勢うどんなど伊勢のおみやげが店内にずらりと並ぶ。

☎0596-23-3188
🕘9～17時 休無休
MAP P47左中

伊勢名物の
岩戸餅
8個850円

おはらい町

太閤餅本店《たいこうもちほんてん》

太閤秀吉ゆかりのお餅

永禄8年（1565）創業、お参りの人々のお休み処として親しまれる茶店。佐賀県産のもち米を使ってひとつひとつ手焼きする焼餅が名物。店内で味わうこともできる。

☎0596-22-2767
🕘10～15時(土・日曜、祝日は～16時) 休無休 MAP P47左中

2個入り200円～は
全国発送もできる

まだまだ伊勢の和菓子がたくさん

伊勢には、このページで紹介したほかにも、名物の和菓子がたくさんあります。たっぷりの餡を薄皮餅で包んだ二軒茶屋餅、もちもち食感のへんば餅や、郷土菓子のぱんじゅうなど、個性豊かな和菓子をチェック。☞P61

節気菓子
お抹茶セット
1000円

二十四節気ごとの限定菓子。喫茶では、お抹茶とのセットも提供

おはらい町

五十鈴茶屋本店《いすずちゃやほんてん》

四季折々のお菓子がいただける

季節ごとの創作スイーツが揃う。美しい枯山水の庭を眺めながら、店内で抹茶と和菓子のセットを味わおう。二十四節気ごとの節気菓子のほか、おかげ犬サブレも人気。

☎0596-22-3012
🕒8～17時（喫茶は9時30分～16時30分）
休無休 MAP P47中下

おかげ犬サブレ6枚入1000円～はおみやげに最適

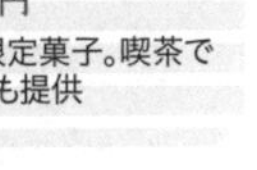

利休饅頭
1個120円

紅は小豆餡、白はうずら豆こし餡を、ふっくら生地で包んだ紅白饅頭

おはらい町

藤屋窓月堂《ふじやそうげつどう》

地元から愛される和スイーツ

伊勢の茶人御用達の老舗和菓子店。手作りにこだわる季節の生菓子を扱うほか、その場で焼くどら焼き1個150円も人気。おもたせみやげとしても最適な名物饅頭をゲットしよう。

☎0596-22-2418
🕒9～17時 休無休
MAP P47右中

黒砂糖生地を使ったとら焼き・守武の松1個180円

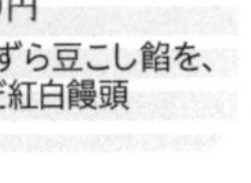

神代餅
6個600円～

天然ヨモギがさわやかに香る銘菓。甘さを抑えたつぶ餡入り

おはらい町

勢乃國屋本店《せのくにやほんてん》

名物の神代餅と伊勢グルメ

伊勢銘菓として有名な神代餅をはじめ、定番みやげを豊富に販売する。食事処も併設し、伊勢うどん550円や手こね寿司1100円なども食べられる。

☎0596-23-5555
🕒9～17時 休無休
（食事処は月2回臨時休あり）
MAP P47左上

大納言小豆で作る勢乃國最中3個550円

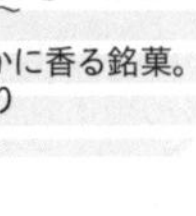

食の神様・外宮の参道には おいしい店がたくさんあります

伊勢市駅から外宮へと続く外宮参道。食にまつわる神様を祀る外宮らしく、外宮の周辺にはおいしい店が並んでいます。

フレンチ

ボン《ぼん》 ヴィヴァン《ゔぃゔぁん》

レトロな洋館で本格フレンチを

大正12年（1923）に逓信省の山田郵便局電話分室として、建造された重厚な建物がフレンチレストランに。三重県の豊富な食材を使ったメニューなどを味わうことができる。

☎0596-26-3131 住伊勢市本町20-24 🕒12時～13時LO､17時30分～19時LO 休月・火曜､日曜の夜（祝日の場合は翌日） 交JR近鉄伊勢市駅から徒歩5分 Pほか施設と共用駐車場利用 MAP P121B2

❶ランチ・ディナーともに、シェフのおまかせコース（前日までの要予約）は1万1000円～で提供 ❷1日2組限定の特別な空間 ❸シェフとマダムの2人だけで営む

おすすめは…

志摩の伊勢海老コース2万2000円～（❶）は、お店を象徴するコース。記念日や誕生日など、特別な日に訪れるならぜひこちらのコースをいただこう。3日前までの要予約。

鉄板ビストロ

伊勢外宮参道料理店《いせげくうさんどうりょうりてん》 鉄饌《てっせん》

目と舌で楽しむ創作鉄板料理

伊勢エビや松阪牛など、地域の食材を取り入れたおしゃれな鉄板料理が人気。鉄板を囲むカウンター席では、シェフのパフォーマンスを間近で見られる。

☎0596-21-3000 住伊勢市本町5-3　浦田ビル1階 🕒11～14時、17時30分～21時 休木曜 交JR・近鉄伊勢市駅から徒歩3分 Pなし MAP P121B2

❶ランチは国産牛と松阪牛を使ったステーキ重などが味わえる。写真は松阪牛ランプ特製ステーキ重3400円～ ❷ひとりランチも気軽な雰囲気

外宮参道の名物 御饌丼（みけどん）って何？

食の神様を祀る外宮にちなみ、参道周辺7店舗で展開する伊勢志摩の食材を使った名物丼。伊勢まぐろの豊穣丼2080円（割烹寿司 桂 MAP P121B1）など、各店オリジナル丼がある。詳細は御饌丼の会https://isemikedon.wixsite.com/mikedon/ へ。

❶100%伊勢肉を使ったボロネーゼ2500円 ❷店内はカウンター席と4人掛けのテーブルを用意 ❸スタイリッシュな外観から醸造所がのぞける

イタリアン

Osteria il Most《おすてりあ いる もすと》

地産地消イタリアンを堪能

伊勢志摩で初となるワイナリー「伊勢美し国醸造所」の2階にあるレストラン。伊勢志摩の食材を使ったイタリア料理が揃い、併設するワイナリーの蔵出しワインと一緒に味わえる。

☎0596-27-0808 住伊勢市大世古2-5-11　伊勢美し国醸造所2F 🕒ランチ12時～14時30分、ディナー17時30分～21時 休月曜 交JR・近鉄伊勢市駅から徒歩で10分 P10台 MAP折込裏E2

ブランジェリー

フランスパンとんちん《ふらんすぱんとんちん》

本場仕込みの手作りパン

ブルーを基調としたかわいい外観が目を引く。フランスで腕を磨いた主人が毎朝焼き上げる、本場さながらのパンがショーケースに並び、焼きたての香ばしい香りが店内に漂う。商品が豊富な午前中が狙い目。

☎0596-63-8655 住伊勢市宮後1-7-4 🕒7～15時(売切れ次第閉店) 休月・火・水曜 交JR・近鉄伊勢市駅からすぐ Pなし MAP P121B1

クロワッサン 300円

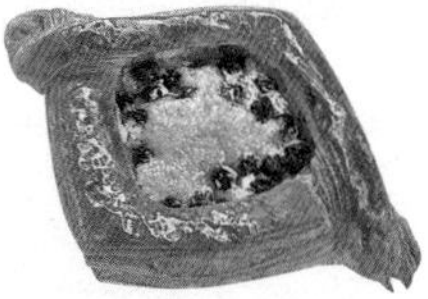

ブルーベリーパイ350円

鮮やかなブルーが印象的な店

フランスパン 250円

❶時間をかけて作るパエリアは旬の食材入り。2人前3000円～ ❷旬の素材を使ったメニューが黒板にずらり ❸三重県自慢の地酒も豊富

ビストロ

伊勢創作ビストロ ミルポワ《いせそうさくびすとろ みるぽわ》

伊勢の素晴らしい食材を召し上がれ

伊勢の大地と海山の幸をふんだんに使った料理を気軽に楽しめる店。フレンチをベースに、旬の素材を取り入れた季節感たっぷりの料理が人気。ランチも営業している。

☎0596-63-8996 住伊勢市岩淵1-1-4 🕒11～15時（14時LO)、18～22時（21時LO）、金曜は夜のみ営業 休火曜(月1回連休あり) 交JR・近鉄伊勢市駅から徒歩5分 P3台 MAP P121B2

参宮前に四足動物を食べない風習があった伊勢。日替りメニューが牛や豚の場合も、希望すれば鶏や魚に変更してくれる店もあります。

注連縄で結ばれた夫婦岩に開運&縁結びを祈願しましょう

二見浦はかつては伊勢参りの前に身を清めた「清渚」
沖合の夫婦岩に、清らかな思いでお祈りしましょう

10〜1月の満月の頃には
夫婦岩からの月の出が

二見浦って こんなところ

倭姫命がこの地を巡行した際、あまりの美しさに2度振り返ったことか名づけられた二見。かつてはお伊勢参りの前にこの浜でここで身を清めという風光明媚な地だ。二見興玉神社の御祭神に猿田彦大神を祀ることから縁結び、夫婦円満、交通安全のご利益祈願に人々が多く訪れる。しめ縄で結ばれた夫婦岩は沖に沈む霊石「興玉神石」を拝む鳥居で、晴れた日には時期により岩の間から日の出や月の出が望める。

アクセス JR伊勢市駅から参宮線で二見浦駅まで8分
P 周辺駐車場利用
広域MAP P121B3

夫婦岩《めおといわ》

沖合に鎮《しず》む興玉神石（二見興玉神社のご祭神ゆかりの霊石）を拝む鳥居の役目を担っているのが夫婦岩。高さ9mの男岩と高さ4mの女岩がしめ縄で固く結ばれる姿にあやかり、縁結びを願う人が多く訪れる。夏至の前後には岩の間から朝日が昇る神秘的な光景に出会える。また、秋から冬の間には岩の間に満月が浮かぶ幻想的な景色も。 MAP P121B3

年に3度
夫婦岩のしめ縄を
新調する神事

1年に3度、5月、9月、12月に行われる「大注連縄張神事《おおしめなわはりしんじ》」。1本の長さ35m、重さ40kg、太さ10cmにも及ぶ巨大なしめ縄を計5本使って、2つの巨石が結ばれる様子は必見です。
☎0596-43-2020(二見興玉神社)

ゆっくり歩いて 40分

二見興玉神社《ふたみおきたまじんじゃ》

善導の神様を祀る海辺の古社

夫婦岩を望む海岸に社殿が立つ。ご祭神の猿《さる》田彦《たひこ》大神は、天孫瓊瓊杵尊《ににぎのみこと》が天降られる際、天《あま》の八衢《やちまた》にお迎えして、途中の邪悪を祓いながら、道案内を申し上げたという。このことから、開運招福、家内安全、交通安全など、みちひらきの信仰がある。

☎0596-43-2020 住伊勢市二見町江575 ⏲境内自由 交JR二見浦駅から徒歩15分 P20台 MAP P121B3

カエルさんにもご利益があります

猿田彦大神の使いとされるのが二見蛙。境内では、たくさんの蛙像が見られます。

▲蛙像に水をかけると、願いが叶うと伝わる満願蛙

▼いろんな表情の蛙像が点在

❶御本殿には御祭神の猿田彦大神を祀る ❷輪注連縄で身体をさすって禊祓を

➳ 絆守
各800円
男性は青色を、女性はピンク色をそれぞれ身に付けて絆を深めるお守り

➳ 縁結び守
1000円
良縁祈願が叶うように結ばれた、愛らしい恋愛成就のお守り

➳ 貝守
各700円
好きな色を選んで願をかけよう。カップルで色違いを揃えるのも◎

かわいい縁結びお守りを手に入れましょう!

➳ 真珠守
1500円
本真珠付きの、キュートなストラップお守りも人気

➳ 夫婦岩守
800円
夫婦岩を結んでいたしめ縄を使った絆のお守り

➳ 恋みくじ
300円
境内で引ける恋みくじ。セットの人形はお守りとして身に付けると吉

お守りにもなる恋のおみくじ

風情ある蔵の町・河崎《かわさき》をレンタサイクルで走りましょう

レンタサイクルで
120分

川に沿って続く通りに、趣ある蔵が立ち並ぶレトロタウン・河崎。
昔なつかしい風情を楽しみながら、のんびりと自転車で散策しましょう。

河崎ってこんなところ

勢田川の水運を利用して江戸時代には問屋街として発展、参宮客で賑わう伊勢の台所の役割も果たした町。特徴のある町並みが今も残され、古い町家や商家の蔵を修復した資料館、ショップを訪ねて、昔ながらの人々の暮らしと風情を楽しめます。

問合せ 伊勢河崎商人館 ☎0596-22-4810
アクセス JR・近鉄伊勢市駅から徒歩10〜20分
P 周辺駐車場利用 広域MAP P120B1〜2

▲酒問屋だった河崎商人館の奥には蔵がずらり

1 伊勢河崎商人館《いせかわさきしょうにんかん》

昔の暮らしが伺える町家と蔵

江戸時代に創業した老舗酒問屋の町家や蔵を修復した資料館。国の登録有形文化財に指定される母屋や茶室を見学でき、館内には河崎ゆかりの生活道具や商いの資料を展示する。時間が止まったような昔懐かしい雰囲気がある。☎0596-22-4810 住 伊勢市河崎2-25-32 ¥ 入館350円 時 9時30分〜17時 休 火曜(祝日の場合は翌日) 交 JR・近鉄伊勢市駅から徒歩16分 P 30台 MAP P59A1

1 商家の蔵や座敷をゆったりと見学できる 2 蔵の中は展示ギャラリーに

5分

1 デミグラスソースから作るハヤシライスは本格派の味 2 河崎本通り沿いの町家をリノベーション

2 Cafeわっく《かふぇわっく》

町家のカフェでランチを

築160年の町家がカフェ＆ワークショップスペースに。人気のハヤシライス1100円は牛すじをトロトロに煮込んだ本格派。11〜15時のランチタイムにはミニサラダ・スープが付く。ホットコーヒー650円などのソフトドリンクは15時30分までならフレンチトースト付き。☎0596-63-8697 住 伊勢市河崎2-6-8 時 11〜15時LO、18時〜21時30分LO 休 月曜（月1回火曜休み）交 JR近鉄伊勢市駅から徒歩10分 P 11台 MAP P59B1

お店が集う“商人蔵”に立寄り

伊勢河崎商人館の向かいに立ち並ぶ3つの蔵。伊勢の特産品や伝統工芸品を販売する店や骨董店、カフェなどが集います。☎0596-22-4810（伊勢河崎商人館）MAP P59A1

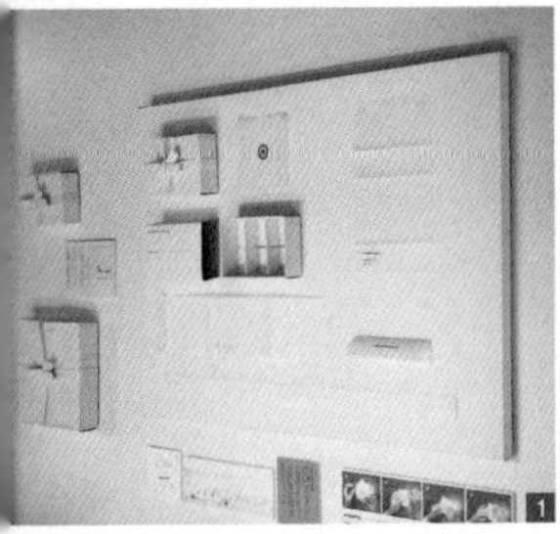

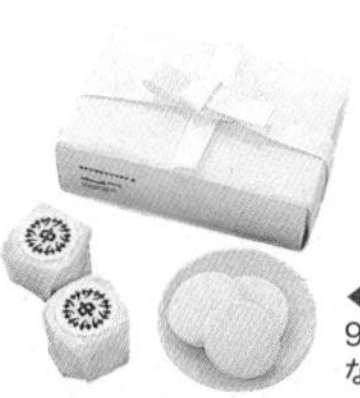

◀クッキーのサトナカ9枚（3種）1000円〜なども販売

1 黒糖蔵を改装したという店内はまるでアートギャラリー 2 しめ縄4180円はこの店のオリジナル

5 中谷武司協会《なかたにたけしきょうかい》

伊勢にちなんだクッキーを手造り

伊勢神宮の御神饌でもある塩、米、酒を現代風にアレンジした手造りのクッキー、サトナカを製造販売。アート作品のような「しめ縄」は河崎の氏神様でもある牛頭天王をデザインしたもの。☎0596-22-7600 住伊勢市河崎2-4-4 ⏰10〜18時 休日・月・火曜 交JR・近鉄伊勢市駅から徒歩10分 P3台 MAP P59B1

すぐ隣

素敵なアイテムがたくさん！

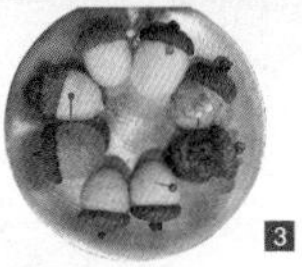

1 オーナーのセンスが光る雑貨がずらり 2 ボタンがモチーフのオリジナルリングセット4000円 3 どんぐりがかわいいピンクッション500〜700円

4 月の魚《つきのさかな》

レトロかわいい雑貨やアクセサリー

元は砂糖問屋の蔵だったという建物を改装した雑貨ショップ。店主が製作するTシャツや小物、シルバー製のアクセサリーをはじめ、1点モノの作家さん手作り商品など、キュートなセレクトアイテムが並ぶ。☎0596-26-2008 住伊勢市河崎2-4-14 ⏰11時〜17時30分 休火曜（祝日の場合は翌日）交JR・近鉄伊勢市駅から徒歩7分 P1台 MAP P59B1

3分

3 播田屋本店《はりたやほんてん》

ほんのり甘い伊勢銘菓をおみやげに

万延元年（1860）創業の老舗菓子店で買えるのは、献上菓子として知られる絲印《いといん》煎餅。「絲印」とは貿易で使われた銅製のハンコのことで、昔ながらの素朴な味わいが美味な銘菓。☎0596-28-2207 住伊勢市河崎2-13-5 ⏰8時30分〜19時 休月末の日曜 交JR・近鉄伊勢市駅から徒歩10分 P2台 MAP P59A1

▲昔懐かしい空間

これが絲印！

1 絲印の骨董品が店内に展示されている 2 見た目も愛らしい絲印煎餅5包入270円〜

3分

通りの建物と建物の間の細い路地は、地元で「世古《せこ》」とよんでいるそうです。川辺へ続く世古を歩いてみるのも楽しみの一つ。

ココにも行きたい

伊勢エリアのおすすめスポット

神宮徴古館農業館《じんぐうちょうこかんのうぎょうかん》

伊勢神宮にまつわる品々を公開

徴古館では、神宮の祭事に関する資料や参宮についての史料などを公開。農業館では、農林水産関係の標本や資料を展示している。DATA☎0596-22-1700 住伊勢市神田久志本町1754-1 ¥入館500円（神宮美術館との共通券700円）◷9時～16時（観覧は16時30分まで）休木曜（祝日の場合は翌日）交バス停徴古館前から徒歩3分 P50台 MAP P120C2

式年遷宮記念神宮美術館《しきねんせんぐうきねんじんぐうびじゅつかん》

神宮に奉納された美術作品を展示

平成5年の式年遷宮を記念して建てられた美術館。当代最高の美術・芸術家から神宮に奉納された作品を多数展示。日本美術最高峰の作品を一堂のもと鑑賞できる。DATA☎0596-22-5533 住伊勢市神田久志本町1754-1 ¥入館500円（神宮徴古館農業館との共通券700円）◷9時～16時（観覧は16時30分まで）休木曜（祝日の場合は翌日）交バス停徴古館前から徒歩3分 P50台 MAP P120C2

賓日館《ひんじつかん》

日本の伝統建築の粋に目を見張る

明治20年（1887）に、伊勢神宮に参拝する賓客の休憩・宿泊施設として建設された館を公開。能舞台を備えた120畳の大広間や、輪島塗で装飾された床の間など、格式高い建築美を間近に見ることができる。国指定重要文化財。DATA☎0596-43-2003 住伊勢市二見町茶屋566-2 ¥入館310円 ◷9時～16時30分 休火曜（祝日の場合は翌日）交JR二見浦駅から徒歩13分 Pなし MAP P121B3

猿田彦神社《さるたひこじんじゃ》

神宮参拝前に訪れたい開運の古社

万事をよい方向へと導く「みちひらき」の神様・猿田彦大神を祀っており、猿田彦大神の直系の子孫が代々宮司を務める古社。方除けや新しい物事を始めようとする人にとっては、まさにパワースポット的な存在だ。境内には芸能や縁結びの神様・天宇受売命《あめのうずめのみこと》を祀る佐瑠女《さるめ》神社もある。DATA☎0596-22-2554 住伊勢市宇治浦田2-1-10 ¥境内自由 交バス停猿田彦神社前から徒歩すぐ P96台 MAP P120C3

伊勢神宮内宮から歩いて約15分

御敷地の砂500円(左)、御神符1000円(右)

マコンデ美術館《まこんでびじゅつかん》

アフリカンアートの世界に浸る

東アフリカのタンザニアに住むマコンデ族のアートを紹介する美術館。生命力あふれる彫刻作品を中心に、ディガティンが絵画や楽器などが展示されており、繊細かつ力強いマコンデ美術の世界を感じる。DATA☎0596-42-1192 住伊勢市二見町松下1799 ¥入館1000円 ◷9～17時 休火曜（祝日の場合は翌平日）、2・6・10月の第3月～金曜 交JR二見浦駅、JR・近鉄鳥羽駅から車で10分 P30台 MAP P122A1

伊勢忍者キングダム《いせにんじゃきんぐだむ》

忍者に変身して家族みんなで楽しもう

忍者衣装に着替えたら森のアスレチックやリアルRPG、手裏剣や弓矢を楽しもう。迫力満載の忍者ショーを堪能したら伊勢グルメや温泉でからだを癒やそう。園内の庭園も見応えあり。DATA☎0596-43-2300 住伊勢市二見町三津1201-1 ¥フリーパス券大人4900円 ◷9～17時 休無休 交JR二見浦駅から徒歩15分 P1000台 MAP P121A4

伊勢シーパラダイス《いせしーぱらだいす》

愛嬌のある海獣たちとふれ合う

海の生き物たちと間近で交流ができる距離感ゼロがテーマのふれあい水族館。毎日開催されるセイウチ、トド、アザラシの柵なしイベントは日本唯一とあって大人気。二見浦の夫婦岩にも近く、散策も楽しめる。DATA☎0596-42-1760 住伊勢市二見町江580 ¥入館2100円 ◷9時30分～17時（季節により変動あり）休12月にメンテナンス休館あり 交JR二見浦駅から徒歩20分 P250台 MAP P121C3

ゴーリキマリンビレッジ《ごーりきまりんびれっじ》

伊勢湾で爽快なマリンレジャー

フィッシングや磯あそびなどの体験プランから屋外バーベキューまで、さまざまなマリンレジャーが楽しめる。4月末～10月はキス釣りと天ぷらランチプラン7700円～が人気がある。DATA☎0596-31-0300 住伊勢市大湊町1125-10 ◷9時30分～15時※2日営業日前までに要予約 休火・水曜 交JR・近鉄伊勢市駅から車で7分 P30台 MAP 折込裏F2

イタリア料理 ラ・ミアヴィータ《いたりありょうり ら・みあゔぃーた》

地産地消のイタリアンに舌鼓

地元で揚がる新鮮な魚介類や熊野産牛ロース肉、無肥料・無農薬の自然栽培の野菜など食材を厳選。伊勢エビかアワビ料理をメインに季節で選べるスペシャルコース1万1000円(要予約)など、イタリアンを味わおう。DATA☎0596-20-5002 住伊勢市桜木町3-3 ⏰11時30分～13時LO、17時30分～19時30分LO 休月・木曜(祝日の場合は翌日) 交近鉄五十鈴川駅から徒歩16分 P10台 MAP P120B3

伊勢角屋麦酒 麦酒蔵《いせかどやびーる びやぐら》

伊勢の地ビール直売店

築100余年の蔵を改築した建物が風格ある伊勢角屋麦酒の地ビール工房併設の直売店。国際大会で金賞を受賞したペールエール330mℓ瓶入り460円のほか、伊勢志摩産の古代米(黒米)を使った神都麦酒《しんとびーる》350mℓ缶入り349円、330mℓ瓶入り461円などを販売。DATA☎0596-23-2880 住伊勢市神久6-428 ⏰10～18時 休無休 交バス停二軒茶屋から徒歩すぐ P40台 MAP P120C1

伊勢和紙館《いせわしかん》

思わず手に取りたくなる和紙小物

伊勢神宮をはじめ、全国の神社のお神札に使われる「伊勢和紙」。館内では伊勢和紙のグッズを販売。資料など展示もあり、大正モダンな香り漂うギャラリーでは、伊勢和紙を使った作品展も年数回開催。DATA☎0596-28-2359 住伊勢市大世古1-10-30 ⏰9時30分～16時30分 休土・日曜、祝日 交JR・近鉄伊勢市駅から徒歩12分 P10台 MAP P121A1

一筆彩箋6枚入り385円など

普段使いできる和紙グッズを多数販売

シラセ《しらせ》

しっとり美味な縁起物バウムクーヘン

創業50年以上の老舗菓子店。伊勢みやげにぴったりの看板商品は、神宮杉の年輪をモチーフにしたというバウムクーヘンで、その名も「神宮スギ」1296円～。契約農家から仕入れる卵や北海道産バターなどを使い、しっとりとなめらかな口当たりに仕上げている。DATA☎0596-25-7590 住伊勢市河崎1-4-31 ⏰10時～18時30分 休木曜、水曜不定休 交JR・近鉄伊勢市駅から徒歩5分 P5台 MAP P121C1

岩戸館《いわとかん》

二見浦の海水で作られる天然塩

夫婦岩のほど近くに立つ宿。宿泊客以外でも気軽に立ち寄れる1階の売店では、二見浦名物・岩戸の塩(小)410円～を販売している。海水を使った伝統的な鉄釜炊き製法で、無添加のまろやかな味わいが特徴だ。岩戸の塩アイスクリームカップ400円も。DATA☎0596-43-2122 住伊勢市二見町茶屋566-9 ⏰8～22時 休不定休 交JR二見浦駅から徒歩20分 P20台 MAP P121B3

伊勢っ子が愛する 昔ながらの地元おやつ

古くから地元人やお伊勢まいりの旅人に愛されてきた、ご当地の銘菓をピックアップ。

二軒茶屋餅角屋本店《にけんぢゃやもちかどやほんてん》

懐かしい味わいの名物餅

天正3年(1575)創業の老舗茶屋。餡たっぷりの薄皮餅に、きなこをまぶした二軒茶屋餅10個入り840円が名物。DATA☎0596-23-3040 住伊勢市神久6-8-25 ⏰8～18時(売り切れ次第閉店) 休無休 交バス停二軒茶屋から徒歩すぐ P40台 MAP P120C1

へんばや商店 本店《へんばやしょうてん ほんてん》

老若男女に愛される名菓

名物のへんば餅10個入り900円は、もちもちした食感と香ばしい風味が特徴。DATA☎0596-22-0097 住伊勢市小俣町明野1430-1 ⏰8～17時(売り切れ次第閉店) 休月曜(祝日の場合は翌日) 交近鉄明野駅から徒歩10分 P10台 MAP 折込裏E2

伊勢製菓三ツ橋《いせせいかみつはし》

ほんのりとした甘さの郷土菓子

ハチミツと黒糖を練り込んだ生地でこし餡などを包んだ、ぱんじゅう3個450円～。伊勢茶やクリーム入りも人気。DATA☎0596-29-3284 住伊勢市本町5-3 ⏰10時～17時30分 休水・木曜(祝日の場合は営業) 交JR・近鉄伊勢市駅から徒歩すぐ Pなし MAP P121B2

近鉄宇治山田駅構内には駅ナカショッピングモール「Time's Place うじやまだ」があり、みやげ探しに便利。

ふむふむコラム

fumu fumu

毎月一日だけの「朔《つい》日《たち》参《まい》り」日頃の感謝を伝えます。

伊勢には毎月一日に早起きして神宮に参拝する習わし「朔日参り」があり、参拝客をもてなす限定の餅菓子にも注目です。

朔日参りの日のお楽しみ、月ごとの朔日餅

朔日参りの参拝客をもてなすために、元日を除く毎月一日限定で販売される朔日餅。赤福本店では毎月、季節にちなんだ餅菓子を、お茶と一緒に味わえます。

ここで買う&食べる

あかふくほんてん
赤福本店
(☞P48)
☎0596-22-7000
MAP P49中下

二月 立春大吉餅 2個400円〜

節分と立春にちなんだ2種の豆大福。こし餡と黒大豆の大福と、大豆とこし餡を包んだ餅生地にきなこをまぶした大福、2つのセット。

三月 よもぎ餅 2個400円〜

ヨモギを練り込んだ生地でつぶ餡を包んだ草餅で、爽やかな香りと色味が特徴。桃の節句にちなんだ、女性に人気の餅菓子。

四月 さくら餅 2個400円〜

ほのかなピンク色に染めた餅米でこし餡を包み、香りも華やかな桜の葉で巻いたお餅。桜の葉も、お餅と一緒に食べられる。

五月 かしわ餅 2個400円〜

端午の節句に合わせたかしわ餅。こし餡入りの餅をかしわの葉で包み、子孫繁栄を祈るという縁起が込められた餅菓子。

六月 麦手餅 2個400円〜

黒糖風味の餡を、餅麦粉を使用した餅生地で包んだもの。生地には香ばしい麦粉がまぶされており、素朴な風味でおいしい。

七月 笹わらび餅 2個320円〜

七夕にちなみ、笹の葉で包んだこし餡入りのわらび餅。食感とさわやかな香りが季節感あふれる。よく冷やしていただこう。

八月 八朔粟餅《はっさくあわもち》 2個400円〜

朔日参りのなかでも「八朔参宮《はっさくさんぐう》」とよばれる8月は特別。この日は粟餅を食べる習わしがあり、黒糖味のこし餡を載せた粟餅を販売。

九月 萩の餅 2個400円〜

秋の七草に数えられる萩の花に見立てて作った、つぶ餡が美味なおはぎ。収穫の喜びを祝い、古来より親しまれる餅菓子。

十月 栗餅 2個500円〜

風味豊かな栗餡を、食感のいい餅米で包んだ秋にぴったりな餅菓子。お餅の上部に、トッピングされた、大きな栗の甘露煮もうれしい。

十一月 ゑびす餅 2個400円〜

商売繁盛の祭事がある11月にちなみ、打ち出の小槌をあしらった黒糖風味の餅と、小判に見立てた柚子風味の餅の2つのセット。

十二月 雪餅 2個400円〜

冬の大地をイメージして作られる。もろこし粉入りの餅生地で甘さひかえめのこし餡を包み、うっすらともち粉で雪化粧した餅菓子。

豊かな自然とグルメが魅力の町
鳥羽・志摩を回りましょう

真珠と鳥羽水族館で知られる海沿いの町・鳥羽、
リアス式海岸のダイナミックな景色が広がる志摩。
とれとれピチピチの海鮮グルメを楽しみながら
リゾート気分を満喫しましょう。

これしよう！

オイスターロードでカキ食べ放題♪

パールロード沿いにはカキ専門店が集まる一角も。カキ三昧を楽しもう。(☞P72)

これしよう！

鳥羽の離島でプチ島タビを楽しむ

鳥羽駅近くの港から定期船で出発し、離島のスローライフを満喫。(☞P74)

これしよう！

ジュゴンを飼育する国内唯一の鳥羽水族館

鳥羽駅のほど近くにある巨大アクアリウムで海の人気者にご挨拶。(☞P66)

シーサイドの遊びどころが満載

鳥羽《とば》

かわいいペンギンやジュゴンにも会える

こんなところ

伊勢志摩の「海の玄関口」とも称されるシーサイドタウン・鳥羽。キュートな海の人気者たちに会える鳥羽水族館や、世界ではじめて真珠養殖に成功したミキモト真珠島などが必見スポット。小さな離島へショートトリップしたり、パールロードで爽快ドライブを楽しんだりしながら、海辺の観光スポットを巡ってみよう。

鳥羽エリアはココにあります！

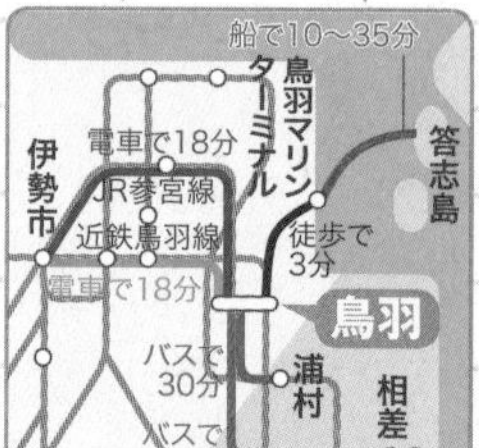

access

●伊勢から鳥羽へ
伊勢市駅からJR参宮線で鳥羽駅まで約18分。または近鉄鳥羽線で鳥羽駅まで18分

問合せ
☎0599-25-3019
鳥羽市観光協会
広域MAP P122

～鳥羽エリア　はやわかりMAP～

海女さんが暮らす離島“菅島”

夏のしろんご祭りで有名。海女のアワビとりを見よう。(☞P75)

鳥羽駅前にはサザエストリートが!

焼貝店が集う商店街。
☎0599-25-3019
(鳥羽市観光協会)

観光のヒント

海と島の絶景！パールロードを走る

鳥羽から南下する場合は、絶景が広がる海岸沿いのパールロードのドライブがおすすめ。途中にあるカキ横丁にも立ち寄りを。

おすすめコースは

6時間

鳥羽水族館やミキモト真珠島が近い鳥羽駅が起点。カキ料理目当てにパールロードを爽快にドライブ。鳥羽展望台で絶景を満喫したら、パワースポット・神明神社にも訪れたい。

- スタート　JR・近鉄鳥羽駅
- ▶徒歩10分
- 1　遊ぶ　鳥羽水族館
- ▶徒歩5分
- 2　見る　ミキモト真珠島
- ▶車15分
- 3　食べる　カキ横丁(オイスターロード)
- ▶車すぐ
- 4　見る　パールロード
- ▶車10分
- 5　見る　鳥羽展望台
- ▶車15分
- 6　見る　神明神社(石神さん)
- ▶徒歩5分
- ゴール　相差

まるで海の中にいるみたい？
鳥羽水族館で癒やしの時間を

飼育種類数日本一！　日本で唯一飼育するジュゴンをはじめ、約1200種もの生きものが。愛らしい海のアイドルたちとの出会いは、癒やし体験の連続です。

鳥羽市

鳥羽水族館《とばすいぞくかん》

12のゾーンに分かれた自由に回れる水族館

約1200種3万点もの生きものたちは、それぞれが生息する環境などに合わせて館内の12ゾーンに分かれて暮らしている。館内を巡る順路は決まっておらず、好きな動物を好きな順路で自由に見られるのが特徴。毎日行われるショーやイベントも要チェック。

☎0599-25-2555 住鳥羽市鳥羽3-3-6 ¥入館2800円、小・中学生1600円、幼児800円 🕘9時30分～17時（入館は～16時、季節により異なる）休無休 交JR・近鉄鳥羽駅から徒歩10分 P500台（有料） MAP P123B3

館内からは海が見える

ラッコの仕草も
かわいい

お気に入りグッズは館内2カ所のショップで

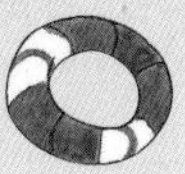

館内に併設するショップでは、海や川の住人たちの多彩なアイテムを販売。当館のアイドル・ジュゴンのぬいぐるみ「もちもちじゅごん特大5200円、大2600円」（写真）など、かわいいアイテムが並びます。
☎0599-25-2555(鳥羽水族館)

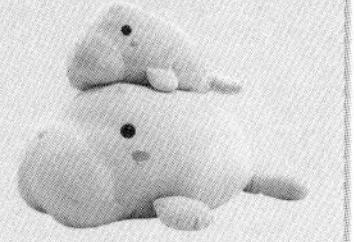

愛らしい動物たちのパフォーマンス

鳥羽水族館では、毎日館内各所でイベントやショーが行われている。かわいい動物たちに近づけるチャンス。そのしぐさは癒やし効果抜群！

アシカショー

場所：パフォーマンススタジアム
所要時間：約15分

◀芸達者なアシカのパフォーマンスに歓声が起こる

アシカとトレーナーによる息の合ったパフォーマンスショー。輪くぐりや大ジャンプなど、アシカたちが多彩な曲芸を1日3回披露してくれる。休日には満席になることもあるので、早めに会場に入っておこう。

セイウチふれあいタイム

場所：水の回廊（アクアプロムナード）
所要時間：約10分

◀距離が近すぎて、セイウチの息づかいまで伝わってくる

体重600kgを超えるセイウチがお客さんの目の前に登場。大きな体やひげに触ってみよう。ふれあいタイムの前にはちょっとした特技も披露。

ペンギン散歩

場所：水の回廊（アクアプロムナード）
所要時間：約10分

◀愛くるしいペンギンの行列に観覧者はメロメロ

ペンギンが屋外の回廊をよちよち歩きで大行進。その愛らしい姿にメロメロになることまちがいなし。間近に見られる前列の席は早い者勝ち。毎日12時～実施。

動物たちのお食事タイム

場所：館内各ゾーン
所要時間：動物により異なる

◀大人気のラッコのお食事タイム。可愛い仕草は必見!

ジャンプしてイカをとるラッコをはじめ、アザラシやトドなどの食事風景を目撃できるチャンス。各ゾーンにて毎日実施されている。動物や時間は日により異なるものもある。

※各ショーの時間や回数は要問合せ。動物の体調や季節によって変更・中止の可能性あり

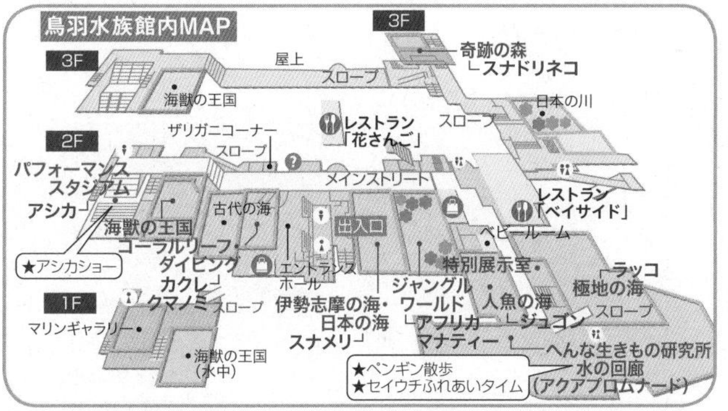

館内の巡り方のポイント

館内には順路がないので、回る際のポイントは次の2つ。

❶ お目当ての動物がどこにいるかをあらかじめチェック。自分なりの攻略ルートを作る

❷ 各動物のショーやエサやりの時間をスタッフに聞いて、そのタイミングに合わせて回る

>> 広々とした館内を無駄なく見るために、事前に行動計画を立てて、効率よく回るようにしよう。

かわいいポーズに心奪われます♪ 鳥羽水族館の人気アイドルたち

鳥羽水族館の中でも、絶対に見逃せないのがここで紹介する6エリア。
お目当てのキュートな住人たちが、あなたを待っています。

アイドル No.1

ジュゴン

人魚伝説のモデルになったといわれる海牛類の一種。アマモという海草が大好物

人魚の海

人魚伝説のジュゴンを国内で唯一、飼育展示

神経質で大人しいとされるジュゴンは飼育が大変難しく、国内ではここだけでしか飼育展示されていない。ヒトと同じほ乳類で、アクビをしたりお昼寝したりといろいろな表情を見せてくれる。

ジュゴンが水槽の中をゆっくりと周遊する様子に癒やされること間違いなし

アイドル No.2

スナドリネコ

水族館で初展示！水に入って魚を捕らえる習性をもつネコ科の動物

奇跡の森

さまざまな体験をしながら冒険気分を楽しもう!

吊り橋を渡ったり、流れる滝の裏をくぐったりしながら冒険気分を楽しめる。日本の水族館では初展示のスナドリネコをはじめ、ゾウガメやトカゲ、カエルの仲間などに出会うことができる。

ガラス張りの天井とウッドデッキ。明るく開放的な雰囲気で、訪れる人たちの歓声が響き渡る

アイドル No.3

カクレクマノミ

映画『ファインディング・ニモ』の主人公にもなった、南洋に住むキュートな熱帯魚

コーラルリーフ・ダイビング

サンゴ礁が広がる巨大水槽でカラフルな熱帯魚に癒やされる

総水量約800tの巨大水槽には美しい人工サンゴ礁が広がり、無数の魚たちが泳ぐ。天井・正面・左右をアクリルガラスで覆った観覧ギャラリーでは、ダイビング感覚が体験できる。

まるで海中をのぞくように、色彩豊かな魚たちが、人工サンゴ礁の花園を乱舞する姿は圧巻

ディープな水族館ツアー「うら側探検隊」

水族館のバックヤードを見て回りながら、大水槽の裏側を見学したり、解説を聞くことができるツアー。
¥参加500円 ◷日曜（各日20名。申込みや時間等詳細は要問合せ）

アイドル No.4
ラッコ
腹を上にして泳ぎながら、エサを食べたり毛づくろいしたりする姿がユーモラス

極地の海

厳しい寒さの中で生活する動物たちの日常を目撃！

厳寒の海で暮らす生きものたちが集まるゾーン。それぞれに厳しい環境に適応するための能力を身につけたラッコやイロワケイルカ、バイカルアザラシなどが見られる。

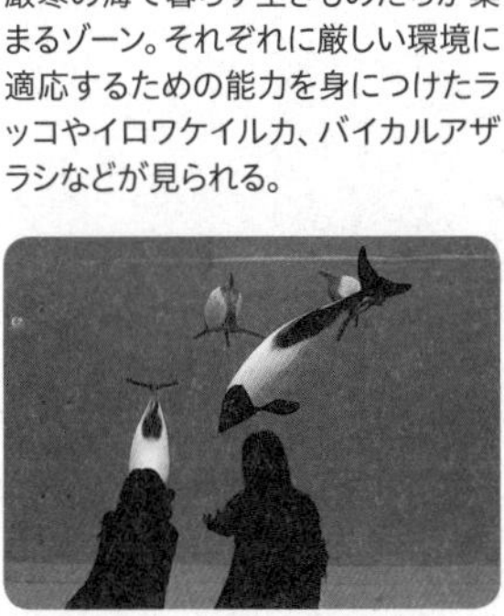

国内の水族館では希少な、通称パンダイルカともよばれるイロワケイルカの水槽もある

アイドル No.5
トド
アシカの仲間では最大となるトド。高台からのド迫力のダイビングは必見。

海獣の王国

展示方法がユニーク！海獣類の豪快な泳ぎを観察

海獣類を展示する海獣の王国。世界初の透明アクリルチューブに足を踏み入れるとすぐ足元にはアザラシが悠然と泳ぎ、目の前では体重700kgを超える大きなトドがダイビング！

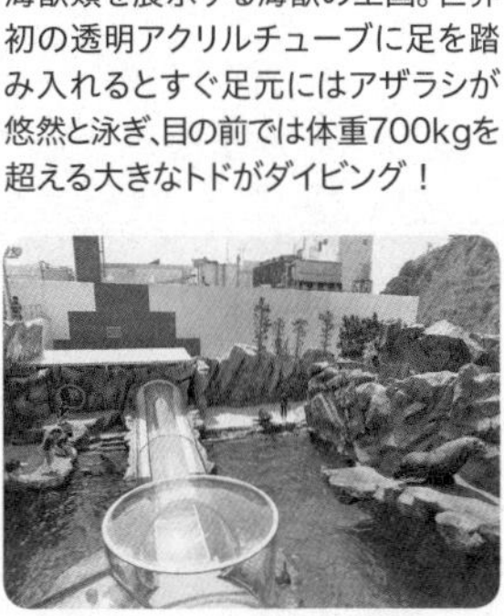

お食事タイムは10時30分と15時の1日2回。飼育係による解説にも注目だ。

アイドル No.6
スナメリ
水槽の前に立つと人なつこく愛想をふりまいてくれる、水族館のアイドル的存在

伊勢志摩の海・日本の海

身近な鳥羽の海の一角を切り取った大水槽

熊野灘と伊勢湾の境界線にあたる鳥羽の海。そんな水族館の目の前に広がる海の一角を切り取って見せてくれるのがこのゾーン。フグやイセエビなど馴染みの魚介類が見られる。

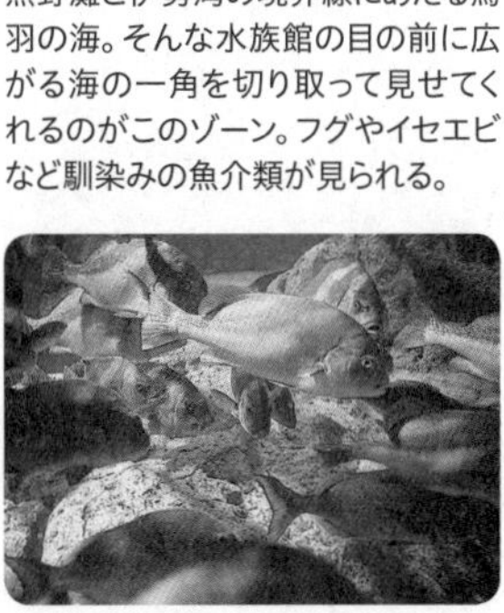

大型の回遊魚が泳ぎ、岩陰にはエビやカニなども潜んでいる。いろんな魚を探すのも楽しい

スナドリネコは、ヨーロッパの動物園生まれのオスとメス。一般公募でついた愛称は「サニー」「パール」。

貴女の願いひとつ叶えます ヒミツの縁結び神社・石神さん

相差《おうさつ》には、隠れた縁結びパワースポット"石神さん"があります。
「女性の願いをひとつだけ叶えてくれる」といわれる、ありがたい神様です。

神明神社《しんめいじんじゃ》（石神さん《いしがみさん》）

相差の海女が参拝する歴史ある女神様

地元相差の海女が豊漁と安全を祈願してきた社。地元では石神さんとよばれ親しまれる祭神は、鳥羽の三女神の一神・玉依姫命《たまよりひめのみこと》。「女性の願いならひとつは必ず叶えてくれる」と女性たちの間で評判になり、多くの参拝客が訪れる。

☎0599-33-7453（石神奉賛会）住鳥羽市相差町1237 ¥参拝自由 境内自由（授与所は8時30分～16時30分）休授与所は不定休 交バス停相差から徒歩5分 P相差海女文化資料館駐車場利用 MAP P123A4

❶木立に包まれた神明神社の参道 ❷参道沿いの祠に石神さんが祀られている ❸26柱の神々を祀る神明神社 ❹境内には稲荷社が祀られ鳥居も並んでいる

鳥羽三女神《とばさんめしん》って？

鳥羽には、相差の石神さんのほかに安楽島の伊射波神社、河内の彦瀧大明神の3人の女神様がいて、女性の願いを叶えてくれるといわれる。三女神すべてを巡り、ご利益アップ。

伊射波神社《いさわじんじゃ》

四柱あるご祭神のうち伊射波登美命《いさわとみのみこと》が外交上手な神であることから、縁結びのご神徳で知られる。☎0599-25-1157（鳥羽市観光商工課）MAP P122B2

彦瀧大明神《ひこたきだいみょうじん》

ご神体は白蛇で、女性特有の病や安産の神として知られる。彦瀧川に沿った参道を進むと小さな祠がある。☎0599-25-1157（鳥羽市観光商工課）MAP P122A2

鳥羽三女神に願い事を届けてもらえる!?

鳥羽駅前にある「鳥羽1番街」の2階フロアには、鳥羽三女神のお願いごと代理受付所がある。願い事を備え付けの用紙に書いてそれぞれの願い箱に入れると、各神社に届けてくれる。
☎0599-26-3331 MAP P123B2

石神さんにお参りを！

石神さん「ご造営記念」お守り
1100円
願が叶うよう白い願い石が中に入っている

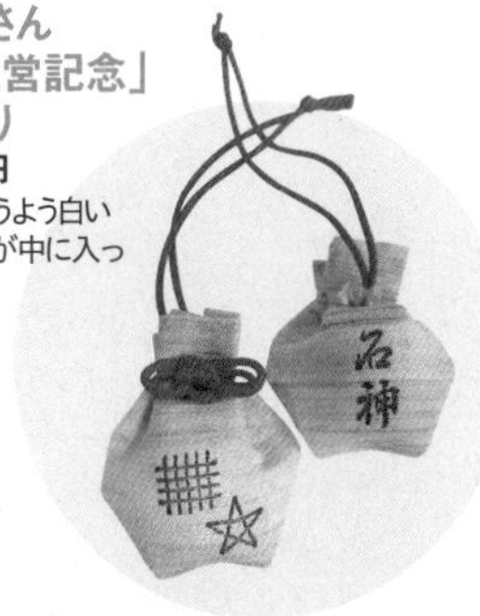

祈願用紙を手に参道奥の祠へ

心をこめてお参りを

女神様を祀る祠に祈願をしよう

海女さんも身につけるお守り♪

お守り
1000円
麻の袋に魔除けの模様「ドーマン(格子縞)」と「セーマン(星)」が施されている

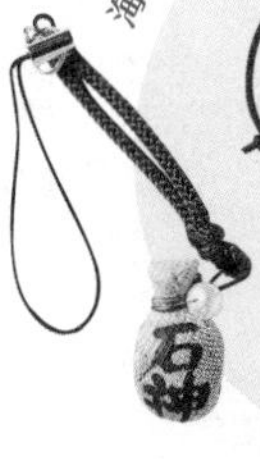

ストラップお守り
1100円
布袋に本真珠がひとつ付いたストラップ。お守り効果は絶大!?

これで大丈夫！

▶願い箱にそっと祈願用紙を入れよう

石神さんの立ち寄りスポット

カフェ
オウサツキッチン0032《おうさつきっちんぜろぜろさんにー》

神明神社の参道にあるオシャレなカフェ。新鮮魚介にワカメ入りの衣をつけて揚げたザコフライサンド580円など、相差の海でとれた食材にこだわる。

イートインはもちろんテイクアウトもOK

☎0599-37-7732 住鳥羽市相差町神明神社参道1406-2 🕒9～17時 休無休 交バス停相差から徒歩5分 P相差海女文化資料館駐車場利用 MAP P123A4

買う
海女の家《あまのいえ》 五左屋《ごさや》

参道沿いにある、築90年の古民家を改装した施設。相差ならではの牡蠣醤油やドーマン・セーマングッズを扱うショップ、休憩コーナーなどがある。

2階は休憩所。ワーケーションスペースとしても利用可

☎0599-33-6770 住鳥羽市相差町1406 🕒9～17時 休不定休 交バス停相差から徒歩5分 P相差海女文化資料館駐車場利用 MAP P123A4

📖 石神さんを訪れた、タレントの益子直美さんや吉岡美穂さんが次々とご結婚されるなど、多くの有名人がご利益を報告しているとか。

クリ～ミーなカキが食べ放題
ウワサのオイスターロード

パールロード沿いには、カキ食べ放題の店が点在しています。
絶景ドライブがてら、“海のミルク”でランチはいかが？

オイスターロードって？

パールロードの鳥羽側の入口から「カキ横丁」を中心とした浦村エリアまでの通称。地元の養殖業社直売の焼きカキ店が点在する。食べ放題の店も多く、とれたてのカキを海景色と一緒に楽しめる。
広域MAP P122B3

生浦湾では良質のカキが育つ

共栄物産《きょうえいぶっさん》 与吉屋《よきちや》 ①

元祖カキ食べ放題の店

かつてカキ横丁にあった野趣あふれる半露天の店が、カキ食べ放題ブームの火付け役。ガス台で豪快に焼き上げるカキはアツアツでジューシー。養殖所直営店ならではの鮮度抜群な浦村かきを思う存分堪能しよう。

☎0599-32-5520 住鳥羽市浦村町1414-15 ◷11～14時（土・日曜、祝日は10～15時）要予約 休火曜 交JR・近鉄鳥羽駅から車で15分 P25台
MAP P73B2

食べ放題
1時間3200円
（要予約）

焼きカキとカキみそ汁が食べ放題。カキ飯は1杯目のみ。2杯目からはカキ雑炊が食べ放題

◀カキ定食2200円。カキフライ5個と生カキ3個付き

▶牡蠣しぐれ1100円は、みやげに最適

店の裏では休む間もなくカキが焼かれる

パールロードの絶景「麻生の浦大橋」

全長196mのアーチ型の「麻生の浦大橋」は、パールロードの玄関口。穏やかな湾内にカキの養殖筏が浮かぶ独特の風景を眺めることができる絶景スポットです。☎0599-25-3019（鳥羽市観光協会）MAP P73A2

食べ放題 80分3300円（要予約）

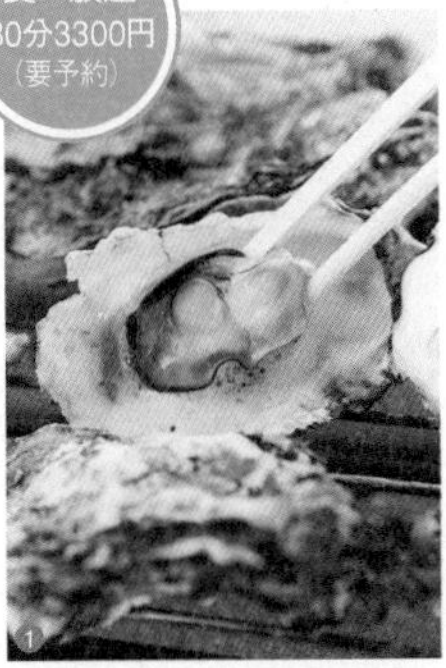

❶焼きカキ食べ放題には、カキフライ丼、カキ汁、カキ時雨煮なども付く ❷生浦湾に浮かぶ筏が会場だ

丸善水産《まるぜんすいさん》 2

海上の筏の上で焼きカキ三昧！

11～5月GWの旬の時期だけ行っている焼きカキ食べ放題プラン。焼きカキは臭みがなく濃厚な味わい。生カキ5個1100円などを追加することもできる（不可の場合あり）。

☎0599-32-5808 住鳥羽市浦村町1229-67 🕒11～4月の11時～12時20分、12時40分～14時の二部制（土・日曜、祝日は10時50分～12時10分、12時30分～13時50分、14時10分～15時30分の三部制）休期間中不定休（要予約）交JR・近鉄鳥羽駅から車で20分 P20台 MAP P73A1

食べ放題 無制限3000円＋席料2000円（要予約）

❶カキ飯、味噌汁も追加でオーダーできる ❷開放感満点のバーベキュースタイルを堪能したい

山安水産《やまやすすいさん》 パールロード店《ぱーるろーどてん》 4

バーベキュー感覚でワイワイ楽しめる

屋外の会場に並ぶドラム缶のコンロを使ったバーベキュースタイルで、セルフサービスで好きなだけ焼いて食べられる。事前に予約が必要なので必ず連絡を。好みの調味料やドリンクなどの持ち込みは自由。

【本店】☎0599-26-7700 住鳥羽市安楽島町1-8 🕒11月～未定の11～16時 休期間中不定休（要確認）交JR・近鉄鳥羽駅から車で15分 P30台 MAP P73A1

新鮮な焼きカキが食べ放題！

◀豪快に焼いて味わってみよう！

海の食堂はっかい《うみのしょくどうはっかい》 3

新鮮な浦村カキを絶景の食堂で

麻生の浦大橋のたもとにある1年中営業している食事処。期間限定だが予約をすれば特製鍋でふっくらと蒸し焼きにした焼きガキを食べ放題で味わえる（11月～5月初旬、11時・12時30分・14時スタート）。かき蒲焼丼1000円などの丼メニューも揃う。

☎0599-32-5999 住鳥羽市浦村町1204-3 🕒10～17時（16時LO）休木曜 交JR・近鉄鳥羽駅から車で15分 P12台 MAP P73A2

食べ放題 3000円（70～90分、要予約）

❶食べ放題にはカキフライ3個とカキめしが付く ❷窓の外には麻生の浦大橋の絶景が！

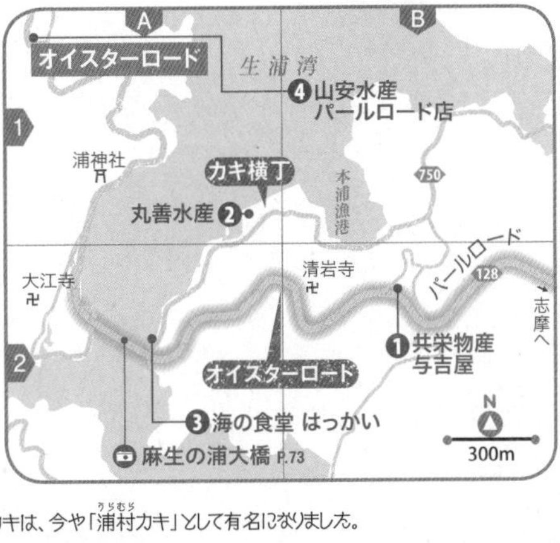

リアス式海岸で豊富なミネラルが流れ込む鳥羽の海。そこでとれるカキは、今や「浦村《うらむら》カキ」として有名になりました。

スローライフな答志島《とうしじま》で プチ島タビを体験しましょう

鳥羽から船で
30分

鳥羽から船で渡れる4つの有人の離島で、一番大きいのが答志島。漁業で繁栄した島には、今でも独特な文化が息づいています。

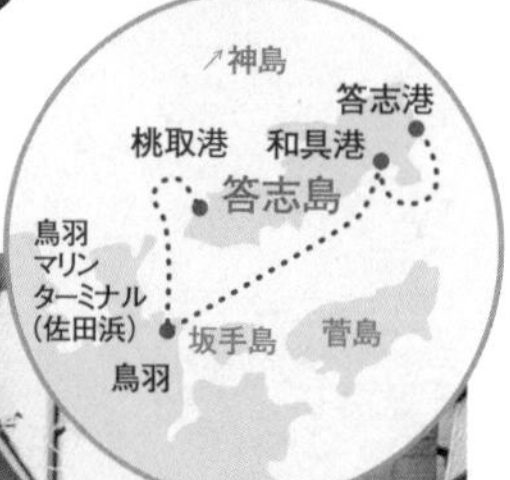

答志島ってこんなところ

鳥羽港の北東約2.5kmの場所に位置する鳥羽湾最大の離島。島の面積約7㎢周囲は約26kmあり、約1800人余りの人が暮らしている。漁業を中心に栄えた島で、家の壁や玄関には守護神である八幡神社の印（○に八の印）を描くなど、独特の風習が残る

問合せ 鳥羽市観光商工課 ☎0599-25-1157
MAP 折込裏H2

▶答志港にひしめきあって停泊するたくさんの漁船群

【答志島へのアクセス】
答志島の答志港、和具港、桃取港の3つの港へは、JR・近鉄鳥羽駅から徒歩7分のところにある、佐田浜港の鳥羽マリンターミナル（MAP P123B1）からの定期船が便利
答志港へ　約25分
¥ 片道550円/1日8便
和具港へ　約15分
¥ 片道550円/1日9便
桃取港へ　約12分
¥ 片道450円/1日10便
問合せ ☎0599-25-4776
（鳥羽市定期船課）

島の旅社（→P75）では島内のガイドを行っている

島のみどころ

見る
九鬼嘉隆首塚・胴塚《くきよしたかくびづか・どうづか》

鳥羽水軍の将の首と胴

戦国時代に鳥羽城主で水軍の将として活躍した九鬼嘉隆は、関ヶ原の戦いで敗れ、答志島で自刃した。その後、築上山の山頂に首が、自刃した洞仙庵そばに胴が、それぞれ葬られた。☎0599-25-1157（鳥羽市観光商工課） 住 鳥羽市答志町和具 時休 見学自由 交 定期船和具港から首塚は徒歩15分、胴塚は徒歩15分 P なし MAP 折込裏H2

漁村の細い路地の奥地にある胴塚

見る
八幡神社《はちまんじんじゃ》

海の安全を司る島の守護神

本島から小さな八幡橋を渡った先の、小島にある神社。島の守護神で、毎年旧暦1月18日に近い土・日曜には例大祭が行われる。神聖な墨を島の男たちが奪い合う、迫力ある祭りだ。☎0599-25-1157（鳥羽市観光商工課） 住 鳥羽市答志町答志 時休 境内自由 交 定期船答志港から徒歩5分 P なし MAP 折込裏H2

海上安全など漁業の守り神

見る
ブルーフィールド《ぶるーふぃーるど》

大自然を体感するデッキ

答志島の東端に立つ、1辺14.5mの正三角形のウッドデッキ。三重県産の檜や宮崎産の杉板を使用。まるで巨大なオブジェのような建造物だ。日の出を眺めることもでき、潮騒を聞きながら、空と海を眺めたい。☎0599-25-1157（鳥羽市観光商工課） 住 鳥羽市答志町白浜 時休 見学自由 交 定期船答志港から徒歩12分 P なし MAP 折込裏H2

答志島の海景色を楽しむ新名所だ

食べる
まるみつ寿司《まるみつずし》

地元の海の幸はココで

和具港近くの寿司店。夏場の赤ウニやアワビ、10月に漁が解禁になる伊勢エビなど季節の食材のほか、海鮮丼1650円や上握り寿司2200円など、新鮮なメニューが揃う。☎0599-37-2314 住 鳥羽市答志町1106 時 11〜21時（18時〜は要予約） 休 無休（臨時休あり） 交 定期船和具港から徒歩3分 P なし MAP 折込裏H2

うたせえびの踊り食いは島ならでは

答志島に潜入! 「路地裏体験」ツアー

ツアーのスタートは、答志港の定期船待合所から。まずは島全体の説明を

❶路地のあちこちにレトロな台車「じんじろ車」が ❷雨戸や壁に描かれた丸ハ印には魔除けの効果があるといわれている ❸両手を広げれば届くほどの狭い道幅の路地裏

「サンデ(サザエ)の底」とよばれる袋小路。島の象徴的な場所だ

湧き水の洗濯場は現在も使用している

島では貴重な水を大切に使います

▶漁港ではあちこちに干物が干されている

路地から漁港へ。漁師さんからも話を聞ける

わあーっ! 水族館みたい!

市場開催時は見学ができる

ココで体験!

島の旅社(しまのたびしゃ)

島で暮らす“母ちゃん”たちのガイドで魅力いっぱいの島内を歩く「路地裏体験」2000円のほか、海女小屋でのランチが付いた5500円のコースも。

☎0599-37-3339 住鳥羽市答志町943 🕒受付平日10～16時(4名～受付、3日前までに要予約) MAP折込裏H2

まだある鳥羽の島々

見る

菅島《すがしま》

しろんご祭で有名

毎年7月上旬に行われる「しろんご祭」が有名な、鳥羽湾に浮かぶ離島。海女が一堂に会して浜からアワビとりに出るさまは圧巻。

☎0599-25-1157(鳥羽市観光商工課) 住鳥羽市菅島町 定期船情報:鳥羽マリンターミナル(佐田浜)→菅島 約15分 🕒片道510円/1日8便 MAP折込裏H2～3

見る

神島《かみしま》

三島由紀夫『潮騒』の舞台

周囲約4㎞の小島で、三島由紀夫の小説『潮騒』の舞台になった。神島灯台、監的哨跡、八代神社などのみどころがある。

☎0599-25-1157(鳥羽市観光商工課) 住鳥羽市神島町 定期船情報:鳥羽マリンターミナル(佐田浜)→神島 約40分 🕒片道740円/1日4便 MAP折込裏I2

3つの離島より鳥羽に近く、佐田浜からわずか7分で行ける坂手島《すかてじま》(MAP折込裏H3)には、海の幸がいただける宿泊施設もあります。

ココにも行きたい

鳥羽エリアのおすすめスポット

鳥羽市立海の博物館《とばしりつうみのはくぶつかん》

海と人との関わりや歴史を紹介

館内には小型木造船や漁具などが展示され、伊勢湾での漁や志摩の海女漁などについて紹介。海女の魔除け「セーマン・ドーマン」をモチーフにした手ぬぐい1枚1100円など、オリジナルグッズも販売。DATA ☎0599-32-6006 住鳥羽市浦村町大吉1731-68 ¥入館800円 ◷9～17時（季節により異なる）休無休（6月・12月の26～30日は休館）交バス停海の博物館からすぐ P50台 MAP P122C2

江戸川乱歩館《えどがわらんぽかん》

鳥羽ゆかりの文学にふれる

江戸川乱歩館では、乱歩の妻隆や親友である岩田準一についてなど、乱歩が鳥羽で過ごした日々の紹介や作品にちなんだ展示、自ら撮影した映像などを公開している。DATA ☎0599-26-3745 住鳥羽市鳥羽2-5-11 ¥入館500円 ◷10～16時（最終入館は15時）休火・水曜 交JR・近鉄鳥羽駅から徒歩15分 P4台 MAP P123B3

相差海女文化資料館《おうさつあまぶんかしりょうかん》

海女さんについて学べる資料館

伊勢志摩エリアで最も多くの海女が暮らす町・相差に立つ資料館。潜水作業の等身大ジオラマや、海女漁で使われる道具などが展示されており、海女の歴史やその暮らしぶりを知ることができる。模型を使ったアワビ採り体験コーナーも。DATA ☎0599-33-7453 住鳥羽市相差町1238 ¥入館無料 ◷9～17時 休無休 交バス停相差から徒歩5分 P15台 MAP P123A4

ミキモト真珠島《みきもとしんじゅしま》

鳥羽湾に浮かぶ「真珠の島」

鳥羽出身の御《み》木《き》本《もと》幸吉《こうきち》が、世界初となる真珠の養殖に成功した島。島内には幸吉の偉業を紹介する記念館や真珠博物館、ミキモトブランドのジュエリーが揃うショップなどがある。かつて真珠養殖を支えた海女の実演ショーも開催。DATA ☎0599-25-2028 住鳥羽市鳥羽1-7-1 ¥入島1650円 ◷9～17時（季節により異なる）休12月第2火曜から3日間 交JR・近鉄鳥羽駅から徒歩5分 P120台 MAP P123B3

真珠島へは陸橋を渡り徒歩で入島できる

博物館が所蔵する真珠の王冠は必見

鳥羽湾めぐりとイルカ島《とばわんめぐりといるかじま》

イルカにも会える爽快クルーズ

真珠島・水族館前のりばと鳥羽マリンターミナルから出航し、風光明媚な鳥羽湾を遊覧船で巡る。遊覧途中にはイルカとふれ合えるイルカ島があり立ち寄り可。イルカやアシカのショーなど、お楽しみが満載。DATA ☎0599-25-3145 住鳥羽市鳥羽1-2383-51 ¥乗船2300円 ◷9時30分～15時30分 休無休（1月中旬～2月上旬休業あり）交JR・近鉄鳥羽駅から徒歩9分 P佐田浜駐車場利用（有料）MAP P123B1

1周約50分の爽快なクルーズを楽しもう

イルカ島では連日イルカショーを開催する

Cuccagna 鳥羽本店《くっかーにゃ とばほんてん》

地元食材をイタリアンで

可愛い外観がおしゃれなイタリアン。1階がカウンター席で2階がテーブル席になっている。平日ランチは1400円～で、土・日曜、祝日にはピザ1300円～もある。地元産の伊勢エビを使ったスペシャルランチ3500円～もおすすめだ。DATA ☎0599-26-3143 住鳥羽市鳥羽1-6-17 ◷11～15時、17～22時 休火曜 交JR・近鉄鳥羽駅から徒歩3分 P11台 MAP P123B2

Ciao《ちゃお》

風味豊かなメープル菓子

カナダ直輸入のメープルシロップを使ったスイーツが評判。みやげにもおすすめのメープルサンド1個240円は、マカダミアナッツ入りのメープルクッキーに、上品な甘さのクリームがベストマッチ。店内では手作りのピザやかき氷も食べられる。DATA ☎0599-26-7007 住鳥羽市安楽島町194-10 ◷9時30分～18時 休火曜 交JR・近鉄鳥羽駅から車で7分 P10台 MAP P122B2

黒潮ダイニング《くろしおだいにんぐ》 パールロード店《ぱーるろーどてん》

ドライブ途中に食べたい海鮮丼

パールロード沿いに立つ食事処。活きのよい魚介類が豪快に丼に盛られると評判。名物のてんこもり海鮮丼1980円は、車エビやマグロ、イクラなどの海鮮が入った贅沢な1品。生簀《いけす》からイセエビやアワビなどの食材を選び、活きたまま網焼きにして食べることもできる。DATA ☎0599-32-5352 住鳥羽市浦村町7-1 ⏰8～17時 休無休 交JR・近鉄鳥羽駅から車で15分 P40台 MAP P122B2

てっぱり料理《てっぱりりょうり》 長門館《ながとかん》

ご当地ならではの豪快な海鮮料理

地元産の新鮮な魚介を使ったてっぱり網焼き料理が味わえる店。てっぱりとは地元の方言で「豪華」などの意味があり、5種の魚介が付く伊勢エビコース6000円などで、贅沢な味わいを堪能できる。サザエ（時価）など単品での注文もOK。DATA ☎0599-25-2006 住鳥羽市鳥羽1-10-45 ⏰11～15時 休不定休 交JR・近鉄鳥羽駅から徒歩3分 P3台 MAP P123B2

鳥羽展望台《とばてんぼうだい》 海女のテラス《あまのてらす》

話題の絶景カフェがリニューアル！

鳥羽展望台内にあるスタイリッシュなカフェ。伊勢エビやカキ、松阪牛など地産の食材を使ったボリューム満点のサンドや、大内山牛乳のフラッペ、ソフトクリームなどのスイーツも人気。店内には、三重のみやげが豊富に揃うショップも併設しており、ショッピングの利用だけもできる。DATA ☎0599-33-6201 住鳥羽市国崎町大岳3-3 ⏰9時30分～16時30分（土・日曜、祝日は～16時30分）休水曜（祝日の場合は営業）交伊勢市自動車道伊勢西ICから約31km P250台 MAP P122C3

伊勢海老コロッケサンド1380円と伊勢茶フラッペ730円

イートインスペースのほかテラス席も

ミネルヴァ《みねるゔぁ》

手作りのジェラート専門店

鳥羽1番街の1階にあり、伊勢・二見の「岩戸の塩」や香り高い「伊勢茶」など、オリジナルフレーバーのジェラートが評判。ジェラートコーン450円、持ち帰りカップ400円など。DATA ☎0599-26-2082 住鳥羽市鳥羽1-2383-13 ⏰9時30分～17時30分（土・日曜、祝日は～18時、季節により変動）休木曜（繁忙期は不定休）交JR・近鉄鳥羽駅から徒歩2分 P市営佐田浜駐車場利用 MAP P123B2

ブランカ本店《ぶらんかほんてん》

アコヤ貝の形をした焼き菓子

看板商品のシェルレーヌ1個183円は、全国菓子大博覧会で名誉総裁賞を受賞した焼き菓子。北海道のフレッシュバターなど、素材を厳選し、外はこんがり、中はしっとりと焼き上げる。アコヤ貝をモチーフにした形もかわいいと評判。DATA ☎0599-25-5999 住鳥羽市鳥羽3-15-3 ⏰10～18時 休火曜、ほか臨時休業あり 交JR・近鉄鳥羽駅から徒歩12分 P5台 MAP P123B3

真珠のアクセサリーを自分みやげにゲット♪

真珠養殖発祥の地・鳥羽には真珠の店がいっぱい。お気に入りのパールアクセを探してみよう。

TOBAパールタウン《とばぱーるたうん》

手頃なものから高級真珠まで

館内には真珠専門店が7店あり、さまざまなアイテムを見比べることができる。DATA ☎0599-26-4077 住鳥羽市鳥羽3-3-6 ⏰9時～17時30分（季節により異なる）休不定休 交JR・近鉄鳥羽駅から徒歩7分 P鳥羽水族館駐車場利用 MAP P123B3

浜幸パール《はまこうぱーる》 鳥羽店《とばてん》

専門店ならではの価格が魅力

真珠の加工から販売までを手がける真珠専門店。本真珠ジュエリーが1万円前後～で購入できる。DATA ☎0599-26-2255 住鳥羽市鳥羽3-33-7 ⏰9時～17時45分 休水曜（祝日の場合は営業）交JR・近鉄鳥羽駅から徒歩10分 P8台 MAP P123B3

世古真珠《せこしんじゅ》

駅構内にあり、アクセスも便利

JR鳥羽駅の名店街にあるパールショップ。定番のネックレスやおしゃれなピアスなど豊富なアクセサリーが並ぶ。DATA ☎0599-25-6626 住鳥羽市鳥羽1-8-13 ⏰9～18時 休火曜不定休 交JR・近鉄鳥羽駅から徒歩すぐ Pなし MAP P123B2

鳥羽駅の近くには「カモメの散歩道」という木製のプロムナードがあり、海沿いを散歩できます。

これしよう！

リゾート気分をたっぷり満喫

志摩地中海村（☞P84）などのリゾート施設で、異国情緒な旅気分を楽しめる。

これしよう！

ご当地で食べたい伊勢エビ料理

伊勢エビ漁が盛んな浜島をはじめ、志摩には伊勢エビの名店が点在。（☞P90）

これしよう！

英虞湾の絶景で癒やしのエコツアー

リアス海岸が続く英虞湾でマリンアクティビティに挑戦しよう。（☞P80）

シーカヤックで、海上をおさんぽ

海岸線が生み出す風光明媚な景観に感動

志摩《しま》

アワビや伊勢エビなど魚介も豊富

志摩エリアはこうなっています

こんなところ

小さな島や岬が複雑に入り組んだリアス海岸の志摩半島は、日本屈指のリゾートエリア。志摩スペイン村や志摩地中海村など、南欧のリゾート感漂う魅力的なテーマパークがおすすめ。オーシャンビューのレストランやホテルで、伊勢エビやアワビなどの美食をとことん満喫しましょう。

access

●鵜方へ
伊勢市駅から近鉄鳥羽線で鳥羽駅まで15分。鳥羽駅から近鉄志摩線で25分

●賢島へ
伊勢市駅から近鉄鳥羽線で鳥羽駅まで15分。鳥羽駅から近鉄志摩線で30分

問合せ
☎0599-46-0570
志摩市観光案内所
広域MAP P124～125

～志摩 はやわかりMAP～

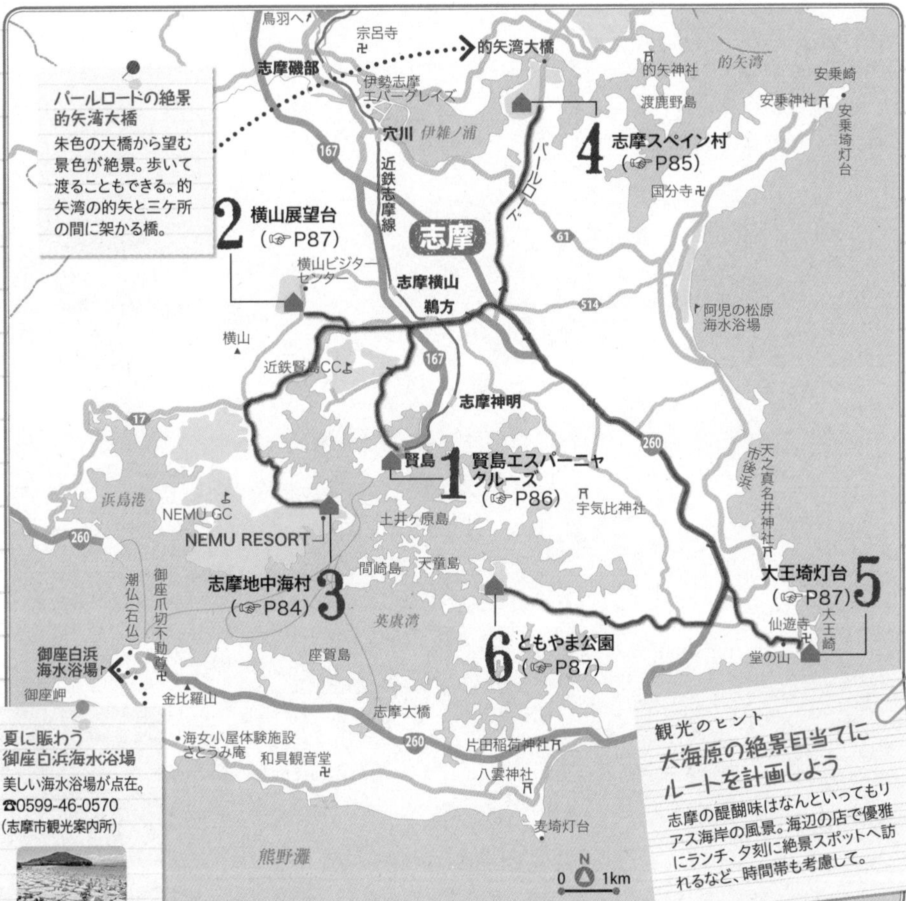

パールロードの絶景 的矢湾大橋

朱色の大橋から望む景色が絶景。歩いて渡ることもできる。的矢湾の的矢と三ケ所の間に架かる橋。

夏に賑わう 御座白浜海水浴場

美しい海水浴場が点在。
☎0599-46-0570
(志摩市観光案内所)

観光のヒント

大海原の絶景目当てにルートを計画しよう

志摩の醍醐味はなんといってもリアス海岸の風景。海辺の店で優雅にランチ、夕刻に絶景スポットへ訪れるなど、時間帯も考慮して。

志摩

おすすめコースは

1日

スポットが点在する志摩を巡るなら車を利用するのが便利。抜群の海景色を堪能できるクルージングや遊びどころ満載のテーマパーク、絶景スポットなどを巡ってみよう。

- スタート 近鉄賢島駅
- ▶徒歩すぐ
- 1 遊ぶ 賢島エスパーニャクルーズ
- ▶車15分
- 2 見る 横山展望台
- ▶車15分
- 3 遊ぶ 志摩地中海村
- ▶車25分
- 4 遊ぶ 志摩スペイン村
- ▶車20分
- 5 見る 大王埼灯台
- ▶車10分
- 6 見る ともやま公園
- ▶車25分
- ゴール 近鉄鵜方駅

青い海を独り占めしたい！
英虞湾でゆる〜りエコツアー

木々の緑と透き通ったブルーのコントラストが美しい英虞湾。
大自然が織りなす絶景を楽しみながら、海上をおさんぽしましょう。

海上さんぽと
無人島探検に出発！

所要時間
約1時間30分

シーカヤックツーリング

海中をのぞいたり、近くの無人島に上陸したりと、志摩の自然を満喫できる人気プログラム。ツアー中はガイドが同行するので、初心者でも安心して参加できる。

開催期間：通年
¥4500円（1時間30分）休荒天時
※小学生以下は大人同伴

START

10:00

パドルの持ち方も
教えてくれる

出発準備！

まずはスタッフからシーカヤックの乗り方を教わる。動きやすく濡れてもいい服装で参加。サンダルはNG。

行ってきま〜す！

左足、お尻、右足の
順番で乗り込む

10:30

英虞湾へLet's Go!

いよいよ海へ出発。英虞湾は波も穏やかなので、ビギナーにもぴったり。

海上を吹き抜ける風が心地いい

船上から海の中をのぞいちゃおう

10:40

海面をスイスイ

海上さんぽは、まず対岸を目指す。まったくの未経験者でもあっという間です。

無人島へ!

ツアーのハイライトは無人島へ。天候や風向きにより上陸できる島が変わるのも大自然ならでは。

干潮時は無人島で磯の生き物を観察

ココで体験！

志摩

志摩自然学校《しましぜんがっこう》

英虞湾に面した、自然豊かなともやま公園を拠点とする体験施設。四季を感じられるさまざまなアウトドア&ネイチャープログラムが揃う。シーカヤックで広大な英虞湾に出れば、志摩の魅力を五感で楽しめること間違いなし。

☎0599-72-1733 住志摩市大王町波切2199 ¥プログラムにより異なる 時9～17時（各プログラムは要予約）休不定休 交近鉄鵜方駅から車で20分 P100台 MAP P124C3

わんちゃんと一緒に体験♪

愛犬も一緒に、シーカヤックとウォーターボールが体験できるプランも人気です。わんちゃん用のライフジャケットもあるので安心して楽しめます。最高の思い出になりますよ。

GOAL 11:30

ただいま！

ツアーは終了。浜辺に乗り上げて慎重に片足ずつ降りよう。思い出に、記念撮影も忘れずに。

ツアーを終えた達成感に大満足です！

ほかにもおもしろいプログラムがいっぱい！

真珠ブレスレット作り

三重県産の本真珠と、カラフルなビーズを使って、美しく輝くオリジナルのブレスレット作りに挑戦！

開催期間：通年

¥2500円(1時間～1時間30分) 休不定休

ウォーターボール体験

2.5mの透明なボールに入って海上を浮遊する体験を。運が良ければ泳ぐ魚たちを眺められるなど、海中観察もできる。

開催期間：通年

¥5000円 休荒天時

ジェルキャンドル

グラスに色砂や貝殻、ビーズなどを入れ、ジェルワックスを流し込んで完成。センスを見せつけて！

開催期間：通年

¥3500円(30分～1時間) 休不定休

シェルクラフト

写真立てのフレームに貝殻や砂、色とりどりのビーズなどで飾ろう。ぜひ志摩旅の写真を飾ってみよう。

開催期間：通年

¥2500円(1時間～1時間30分) 休不定休

見渡す限りブルーの世界！ 海辺のレストラン&カフェ

美しい海に抱かれた志摩には、絶景自慢のレストランやカフェがたくさん。爽やかな海風を感じながら、海の幸に舌鼓を打ってみては？

併設のウッドデッキでは潮風を感じながら英虞湾を臨む

志摩

Rias《りあす》 by《ばい》 Kokotxa《ここちゃ》

1ツ星レストランとコラボ!

スペインやイタリアの街をテーマにした複合リゾートホテル「志摩地中海村」(☞P84)内にあるレストラン、レストランRIASが、2019年2月にリニューアルオープン。ミシュランガイド（2019年版）で1つ星レストランとして掲載された「Kokotxa(ココチャ)」と業務を提携。スペイン、バスク地方の伝統的な料理をベースにした見た目にも美しい「新バスク料理」を楽しませてくれる。岬の先端に位置する建物は、地中海のムードでいっぱいの開放的な空間。眼前に広がる英虞湾の刻々と変わる風景を楽しみながら、1つ星レストラン監修の絶品ランチコースが味わえる。

☎0599-52-1336（予約専用）住志摩市浜島町迫子2619-1 志摩地中海村内 ⏰11時30分～14時（13時LO）、17時30分～22時（20時LO）休不定休（要確認）交近鉄鵜方駅から車で15分（宿泊客は無料送迎あり。要予約）P174台 MAP P124C3

予算		
ランチ	コンチャ	6600円
	ペルラ	8800円
ディナー	パサイヤ	1万2100円（ランチ可）
	ドノスティア	1万7600円

▲ゆるやかな弧を描く窓から、陽光が差し込む。窓の外には英虞湾が広がる

◀青い空、碧い海、ロケーション抜群のレストラン

ランチにはこんなメニューが

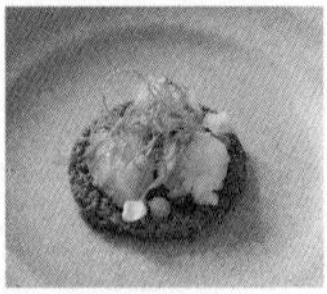

「伊勢海老のソカラ黒にんにく」ランチコース・ペルラ8800円の一品（例）

「黒毛和牛のサーロイン きのこ野菜 アーモンドのモホソース」ランチ（ディナー）コース・パサイヤ1万2100円の一品（例）

複雑に入り組む日本屈指のリアス海岸

日本屈指の造形美を誇る志摩のリアス海岸は、英虞湾を囲むように入り組み、ともやま公園（☞P87）や横山展望台（☞P87）などから見ることができます。海が朱に染まる夕景は、ともやま公園で。
☎0599-46-0570（志摩市観光案内所）

おすすめランチ
ランチコース 3300円～
気軽さが好評の季節のランチ。写真は、エスカルゴバターとタルタルソースを使ったカキの2色焼き、蓮台寺柿のアイスなど。

予算	
ランチ	ランチコース 3300円～（前日までに要予約）
ディナー	ディナーコース 6600円～（前日までに要予約）

夏期にはバーベキューもできるテラス

志摩

ホテル&レストラン《ほてるあんどれすとらん》 槇之木《まきのき》

お箸で食べる創作フレンチ

ロケーション自慢のオーベルジュ。フレンチをベースに、和食の技法を巧みに取り入れた創作料理は、彩りも美しく地元食材のうま味を生かした逸品ばかり。

☎0599-72-4155 住志摩市大王町波切2235-13 ⏰11時30分～14時LO、17時30分～20時LO 休不定休 交近鉄鵜方駅から車で20分 P15台 MAP P125D3

志摩

上田商店《うえだしょうてん》 灯台カフェ《とうだいかふぇ》

きんこ芋のスイーツカフェ

珍しい四角柱の白亜の灯台・安乗埼灯台と、的矢湾を望む絶景が楽しめるカフェ。志摩の郷土食としてもしられる「きんこ芋」を使ったスイーツを味わうことができ、干しいもやプリンの販売もしている。

☎0599-77-3267 住志摩市阿児町安乗794-1 ⏰10～16時（土・日曜、祝日は9時30分～）休無休 交近鉄鵜方駅から車で18分 P22台 MAP P125E2

予算
芋蜜のムースプリン 440円～
芋蜜がけソフト 650円～ など

壁一面のガラス窓の向こう側に大海原が広がる

きんこ芋プレミアムパフェ
1290円
上品な甘さが特徴のきんこ芋をたっぷり使ったぜいたくなパフェ。
おすすめメニュー

店内やデッキから海景色を。海に沈む夕日も絶景！

おすすめランチ
日替わりの「Cloud 1プレートランチ」
1400円
ご飯を+500円でアカモク小丼にバージョンアップするのが常連さんの中で人気。

予算
ムール貝のレモンクリームパスタ 1630円（ミニサラダ付き）
牡蠣好きさんの牡蠣カレー 1380円（ミニサラダ付き）

志摩

Cloud《くらうど》 1《わん》Dining《だいにんぐ》 縁《えにし》

伊勢志摩鳥羽の自慢の味が一堂に

地元若手生産者が集まって、魚貝や農産物など自慢の食材を味わってもらおうと立ち上げたレストラン。Cloud 1プレートランチは旬の食材が盛り合わせに。

☎0599-85-7889 住志摩市志摩町越賀2249-1 ⏰11～14時LO（ディナーは要相談）休水曜、不定休 交バス停フリーあづり浜からすぐ P30台 MAP P124B4

ホテル&レストラン 槇之木はランチやディナーのみの利用もできますが、宿泊プランとセットで申し込めば、お得に楽しむことができます。

地中海＆スペインの街並みが異国情緒漂うリゾートへ

イタリアやスペインの街をモチーフにした2大リゾート施設。
「志摩地中海村」と「志摩スペイン村」でプチ海外旅行気分に浸りましょう。

志摩

志摩地中海村《しまちちゅうかいむら》

英虞湾に面した大人のリゾート地

スペインやイタリアの地中海沿岸部の街並みをイメージしたリゾートホテル。ショップやカフェ、レストランなどが点在する約1万㎡もの広大な敷地を歩けば、まるで地中海の街を旅しているような気分に浸れる。

☎0599-52-1226 住志摩市浜島町迫子2619-1 ¥入村700円（宿泊客は無料）🕒10～17時 休無休 交近鉄鵜方駅から車で15分（宿泊客は無料送迎あり。要予約）P174台 MAP P124C3

◀潮風を浴びながらのんびり海を満喫

ウッドデッキ

岬の突端のレストラン、Rias by Kokotxa（☞P82）にあるテラス。ベッドに横たわり英虞湾を眺めよう。

オススメ 船上から眺める海景色は格別

英虞湾クルージング

船上から海景色を独り占め。¥1800円～ 🕒10時30分～16時30分（12時30分を除く毎時1便運航）

サンセットクルーズは2400円

プライベートヴィラ

敷地内に点在するヴィラに泊まることができる。客室はツイン、メゾネットなど全53室。¥1泊2食付1万9800円

白壁に映える木目調の調度品を配したリゾート感満点の客室

セレクトショップ

スペイン陶器や加工品、雑貨などのおみやげを販売。屋外ワゴンには気軽に購入できるインテリア小物もたくさん。

幸せをよぶバルセロスのコルク抜き1650円、コルク栓1100円

プール

地中海レストランへと続くプロムナード横にあるプール。景色も一緒に楽しもう。¥利用無料 🕒9～18時（夏期のみ営業）

宿泊者専用のプール。目の前には英虞湾の大海原が広がる

カフェ

店内、パティオ席、噴水周りのテラス席など、お気に入りの場所を見つけて午後のひとときを優雅に楽しみたい。

甘さ控えめの季節のタルト

リゾートホテルに宿泊「ホテル志摩スペイン村」

南スペインをイメージした「ホテル志摩スペイン村」では、海外のリゾート地のようなステイが可能。広い中庭を散策するのがここならではの楽しみ方。
¥1泊2食付1万9800円～
☎0599-57-3511 MAP P124C2

志摩

志摩スペイン村《しますぺいんむら》

太陽と情熱のスパニッシュリゾート

テーマパーク・ホテル・温泉を併せ持つ複合リゾート。パーク内には、多彩なアトラクションやレストラン、ショップがあり、カップルやファミリーで熱い1日が過ごせる。

☎0599-57-3333 住志摩市磯部町坂崎 ¥パスポート5700円など 🕒9時30分～17時（季節、曜日により異なる）休2024年6月24～28日、2025年1月14日～2月7日、以降公式HPを要確認 交近鉄鵜方駅から直通バスで13分 P4200台（1回1300円）MAP P125D2

▲華麗なパレードに心奪われる　※画像はイメージ

オススメ

一緒に踊りたくなる
エスパーニャカーニバル"ブエン ビアヘ"

華やかな衣裳に身を包んだキャラクターやエンターティナーたちが、フロートとともに園内を大行進する、陽気なパレード。

アトラクション

ジェットコースターなどのスリル系から、子どもも楽しめるほのぼの系まで、多数のアトラクションがスタンバイ。

吊り下げ式ならではのスリルが体感できる「ピレネー」

フラメンコショー

本場スペイン人ダンサーによる情熱と迫力あるショーを間近で楽しめる。¥600円（予約制）

本場スペインの臨場感を体感
※写真はイメージ

陶器工房 カンタロ

スペインを中心とするヨーロッパのカラフルな陶器を販売。パエリャ鍋のほか、パエリャの素など、輸入食品も揃う。

いつもの食卓を華やかに彩るお気に入りアイテムを見つけよう

レストラン アルハンブラ

地元の食材をたっぷり取り入れた欧風料理やパエリャで、大人のランチをどうぞ。アヒージョなどアラカルトも豊富。

伊勢志摩の伊勢エビをまるごと一尾使ったパエリャ

ココにも行きたい

志摩エリアのおすすめスポット

天の岩戸《あまのいわと》

日本神話に登場する伝説の洞穴

逢坂峠中腹に位置する洞穴で、素戔嗚尊《すさのおのみこと》の乱暴を戒めるため、天照大御神が隠れたという伝説が残っている。緑深い木々に囲まれた洞穴は神秘的な雰囲気が漂っており、水穴から流れ出す岩清水は日本の名水百選にも選定されている。DATA☎0599-46-0570（志摩市観光案内所）住志摩市磯部町恵利原 ¥🕐休周辺自由 交近鉄志摩磯部駅から車で10分 P20台 MAP P124B1

潮仏《しおぼとけ》（石仏《いしぼとけ》）

女性を守り癒やしてくれる仏様

御座港の海中に鎮座する石の仏様。満潮時は海中に隠れているが、干潮時に姿を現すことから、人々の病苦を引き受け、海中で洗浄してくれる仏様と信仰される。子宝、安産、女性の腰から下の病気の平癒にご利益あり。毎年3月海女漁解禁の前日に例祭が催される。DATA☎0599-46-0570（志摩市観光案内所）住志摩市志摩町御座 ¥休周辺自由 🕐姿を現すのは干潮時 交バス停御座から徒歩すぐ Pなし MAP P124B4

伊勢現代美術館《いせげんだいびじゅつかん》

アートと自然が融合する美術館

伊勢志摩国立公園内にある海を望む美術館。美しい自然の中で、現代アートを楽しめる施設だ。本館にはカフェ＆ガーデンが併設され、別館にはユニークな立体作品を展示している。日常を離れ、静かな時間を過ごせる。DATA☎0599-66-1138 住南伊勢町五ヶ所浦湾場102-8 ¥入館700円 🕐10時～16時30分 休火・水曜（祝日の場合は開館、振替休あり）交バス停南勢野添から徒歩15分 P8台 MAP P124A2

賢島エスパーニャクルーズ《かしこじまえすぱーにゃくるーず》

英虞湾を周遊する優雅な遊覧船

大航海時代のスペイン帆船をモチーフにした遊覧船に乗って、紺碧の英虞湾へ出航。美しいリアス海岸や真珠筏を眺めながら、1周約50分の絶景クルージングを楽しもう。DATA☎0599-43-1023 住志摩市阿児町神明752-11（賢島港）¥乗船1800円 🕐9時30分～15時30分（出航時刻は公式HPで要確認）休無休 交近鉄賢島駅からすぐ P10台 MAP P125右中

ビン玉ロード《びんだまろーど》

写真映えする遊歩道

かつて漁師が"浮き"として利用していた「ビン玉」が、浜島の旅館街エリアの約1kmに渡って飾られている遊歩道。陽が沈むとライトアップされて、幻想的な雰囲気に包まれる。道の中央にあるハート型のモニュメントが印象的なビン玉ウォールは写真ポイントの一つ。DATA☎0599-46-0570（志摩市観光案内所）住志摩市浜島町浜島 ¥🕐休周辺自由 交近鉄鵜方駅から車で20分 P10台 MAP P125右下

プティレストラン宮本《ぷてぃれすとらんみやもと》

志摩の絶品素材を気軽な洋食で

志摩観光ホテル出身の店主が、手間ひまかけて作る料理が人気の洋食店。7時間かけてじっくり煮込んだシェフおすすめカレー4800円はアワビ、エビ、ホタテなど海の恵みが満載。5～8月が旬の夏の味覚、志摩産鮑（アワビ）ステーキは1万3000円。DATA☎0599-43-5395 住志摩市阿児町鵜方3127-2 🕐11時30分～14時、17時～20時30分 休月曜、第3・4火曜 交近鉄鵜方駅から徒歩10分 P15台 MAP P125右上

岬の宿《みさきのやど》 礒崎《いそざき》

あのりふぐを味わえる宿

安乗岬で大正時代から家族で営む料理旅館。10～3月に味わえるあのりふぐ得々プランは食事のみ1万1100円～、1泊2食付き1万7500円～。てっさ、てっちり、焼きふぐ、唐揚げ、雑炊まで味わえる。3～4日前までに予約が必要。DATA☎0599-47-3003 住志摩市阿児町安乗777 🕐12～14時、17～19時（3日前までに要予約）休不定休 交近鉄鵜方駅から車で15分 P10台 MAP P125E2

日本料理《にほんりょうり》 鯛《たい》

料理人の技が光る本格和食

伊勢志摩の魚介を使った四季の日本料理が味わえる店。名物の鯛茶漬け1100円は、新鮮な真鯛に風味豊かな和風だし、大葉とゴマの薬味がベストマッチ。黒潮で揉まれた天然真鯛だけに、その味わいは格別。DATA☎0599-43-4572 住志摩市阿児町鵜方2037-1 🕐11～14時、17～21時 休月曜（祝日の場合は翌日）交近鉄鵜方駅から徒歩3分 P13台 MAP P125右上

海鮮食堂《かいせんしょくどう》 はま崎《はまざき》

旬の地魚を手軽に味わう食事処

地元で捕れる自慢の旬の地魚を使った料理を手軽な価格で味わえる食事処。お造り定食2200円は季節の魚介を5種盛り込んだおすすめメニュー。海鮮丼1700円も根強い人気を誇る逸品。志摩の旬をぜひ楽しんでみたい。DATA☎0599-55-3331 住志摩市磯部町穴川1183 🕐11～14時、17～21時 休水曜（祝日の場合は翌日）交近鉄鵜方駅から車で10分 P8台 MAP P124C2

お菓子職人おとべ《おかししょくにんおとべ》

地元でも人気の洋菓子店

平飼い卵や小麦粉など、地元産の素材を使ったスイーツが評判。店頭にはパティシエ特製のケーキが並び、開放的なカフェスペースでゆっくりと味わえる。バウムクーヘン1296円～や志摩ぷりん1個378円はみやげにもおすすめ。DATA ☎0599-43-5148 住志摩市阿児町鵜方3373-16 ◷10～18時 休火曜（祝日の場合は営業、振替休あり）交近鉄鵜方駅から徒歩15分 P20台 MAP P125右中

shu cafe《しゅう かふぇ》

木漏れ日のカフェでほっこり

モノトーンの空間が心地よいナチュラルカフェ。濃厚な味わいのNYベイクドチーズケーキやバナナのシフォンケーキなど、自家製スイーツとコーヒーのセットは810円～。お昼はピザやパスタのランチセット1130円（11～14時）も味わえる。DATA ☎0599-43-1235 住志摩市阿児町神明1074-20 ◷11～18時（17時LO）休火・水曜 交近鉄鵜方駅から徒歩15分 P15台 MAP P125右中

丸義商店《まるよししょうてん》

朝どれの魚介が並ぶ鮮魚店

波切漁港で水揚げされた天然物の魚介を販売。伊勢エビやアワビ、カキ、大アサリ、カツオなど、近海でとれた新鮮な魚介を良心的なご当地価格で手に入れよう。購入した魚介はクール便で配送も可能（料金別途）。自家製の干物も販売している。DATA ☎0599-43-2860 住志摩市阿児町鵜方1678-2 ◷8時～17時45分 休火・水曜 交近鉄鵜方駅からすぐ P20台 MAP P125右上

佐藤養殖場・的矢かきテラス《さとうようしょくじょう・まとやかきてらす》

絶品の的矢かきをお持ち帰り&お食事

的矢かきの生産・販売を行う養殖場。的矢かきの販売は11～3月前後。敷地内には食事処「的矢かきテラス」もあり、絶景の海上桟橋で年間を通してその季節の旬のカキを味わえる。DATA ☎0599-57-2612 住志摩市磯部町的矢889 ◷売店9時30分～16時、食事10～15時 休火曜 交近鉄鵜方駅から車で15分 P30台 MAP P125D2

長太屋 鵜方店《ちょうだや うがたてん》

揚げたて熱々の松阪牛コロッケ

自家牧場で肥育した松阪牛を販売する精肉店。松阪牛の手作りコロッケ1個378円をはじめ、ミンチカツ1個432円も販売している。このほか、松阪牛料理が味わえる飲食店も隣接するのでそちらもぜひ。DATA ☎0599-43-4129 住志摩市阿児町鵜方2417-8 ◷9～18時（飲食店は11～14時LO、16～20時LO）休木曜 交近鉄鵜方駅から徒歩10分 P25台 MAP P125右上

NEMU RESORT《ねむ りぞーと》

都会の喧騒から離れた非日常空間

英虞湾を望む森と海に囲まれたリゾート施設。宿泊施設のほかに、ゴルフ場やマリーナも併設。その豊かな自然を活かした自然体験プログラムや星降る丘で愉しむ、極上のグランピングリゾートフレンチも好評。DATA ☎0599-52-1211 住志摩市浜島町迫子2692-3 ¥1泊2食付2万4310円～ 交近鉄賢島駅から送迎バスで20分（要予約）P175台 MAP P124C3

雄大な海景色が広がる 絶景スポットはココ！

英虞湾や太平洋が一望できる、オススメの展望スポットをご紹介。

ともやま公園《ともやまこうえん》

英虞湾に沈む夕日を眺めよう

広大な敷地をもつ園内には3カ所の展望台があり、そこから英虞湾のパノラマを一望できる。特に夕景は圧巻の美しさ。DATA ☎0599-72-4636 住志摩市大王町波切2199 ¥◷休入園自由 交近鉄鵜方駅から車で25分 P100台 MAP P124C3

横山展望台《よこやまてんぼうだい》

深く入り組んだ海岸線が広がる

高台にある3カ所の展望テラスで英虞湾から太平洋まで望む絶景を楽しもう。DATA ☎0599-44-0567（横山ビジターセンター）住志摩市阿児町鵜方875-20 ¥◷休周辺自由 交近鉄鵜方駅から車で10分 P28台 MAP P124C2

大王埼灯台《だいおうさきとうだい》

太平洋の岬に立つ白亜の灯台

昭和2年（1927）に建設。灯台のらせん階段を上ると眼下に海景色が。DATA ☎0599-72-1899 住志摩市大王町波切城山54 ¥参観寄付金300円 ◷9～16時（季節により変動あり）休荒天時 交バス停大王埼灯台から徒歩10分 P周辺駐車場利用 MAP P125D4

公共交通機関で志摩観光をする場合は、近鉄鵜方駅が交通の起点に。駅前から各方面へのバスが出ています。

海女漁にふれて味わう海の幸！海のお話、聞いてみませんか？

地元・志摩の海女さんと直接ふれあえる、海女小屋体験が人気です。
気さくな会話と新鮮魚介を楽しみながら、特別な時間を過ごしましょう。

志摩

海女小屋体験施設さとうみ庵《あまごやたいけんしせつさとうみあん》

志摩の海女さんと炉端で海の幸を！

あづり浜のそばに立つ海女小屋で、海女さんが地元でとれた魚介類を囲炉裏で網焼きにしてくれる。普段は聞けない海女漁の話に耳を傾けながら食べる海の幸の味は格別。3・4月にはアワビも伊勢エビも付くデラックスコース1人1万3200円（3名以上）も登場。

☎0599-85-1212 住志摩市志摩町越賀2279 ⏲11～19時LO（2日前までに要予約、所要1時間）休不定休 交近鉄鵜方駅から車で30分 P50台 MAP P124B4

敷地内には木造の海女小屋が3棟

基本コース
（1人前）3850円
（3人以上で要予約、2人の場合1100円増し）

ヒオウギ貝やとれたてサザエ、スルメイカ、干物などにひじきの釜飯と味噌汁付き。10～4月には伊勢エビ一尾5500円を、3～9月にはアワビ1個5500円がオプションに。

とれたて新鮮魚介

伊勢エビやヒオウギ貝など、生きた魚介が中心

＼海女さんに聞きました！／

気になるあれこれ Q&A

Q 海女のシーズンっていつ？

A 漁解禁の日程、作業日数は地区ごとに厳しく決められてるんよ。魚介類の乱獲を防ぐためで、ウチらの越賀地区では3月中旬～9月14日の間がアワビやサザエの漁の時期やわ

Q どのくらい海に潜っていられるの？

A 大体40～60秒くらいかね。その都度、海面に出て「ヒューッ」と口笛のような音を出して呼吸を整えるんよ。この音を「磯笛」とよんでいるんよ

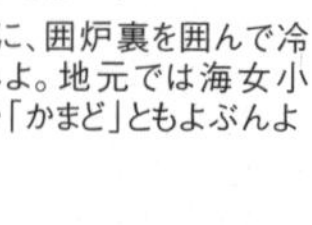

磯ノミを手にして潜る

Q 海女小屋では何をしてるの？

A 漁に出る前や漁の後に、囲炉裏を囲んで冷え切った体を暖めるんよ。地元では海女小屋のことを「火場」とか「かまど」ともよぶんよ

昔ながらの風情が残っている海女小屋の内部

ジュワ～っと潮の香りが漂う貝類をアツアツで♪

伊勢湾は今日も海の幸が大漁です
美し国の名物料理を召し上がれ

伊勢志摩の味覚の代表・伊勢エビをはじめ、
的矢かきやアワビなど伊勢近郊の芳醇な海の幸が
旅の途中のメインディッシュとしてお待ちかね。
地元の人にも愛される看板料理を味わいたい。

プリプリの身にうま味がギュッ！ 海鮮グルメの王様・伊勢エビ

伊勢志摩を代表する海の幸といえばやっぱり豪華な伊勢エビ料理。甘みたっぷりの身を、多彩な食べ方で存分に堪能しましょう。

伊勢エビ
10〜3月
伊勢志摩の味覚の代名詞・伊勢エビは、肉厚プリプリで甘みのある身が特徴。

浜島

あみもとのみせ やしろ

網元の店 八代

海の幸てんこ盛りの満腹丼

地元浜島で定置網漁を行う網元が営む店。その日に揚がったばかりの魚介が直送され、種類の豊富さと新鮮さは網元ならでは。なかでも名物の伊勢海老大漁丼は、生簀《いけす》から揚げてすぐにさばいた伊勢エビのほか、訪れる時期によって異なる旬の魚がどっさりと盛られる豪勢なひと品。この一杯目当てで遠方から訪れるというファンも多い。

☎0599-53-0606 住志摩市浜島町浜島1776-4 🕒11～14時、17～20時（売切れ次第終了）休水曜 交バス停朝日山から徒歩10分 P2台 MAP P125右下

伊勢海老大漁丼
3500円

伊勢エビは時期によってサイズが異なる

もう一皿

丼に盛られるエビのお頭は赤だしでどうぞ

コチラがおすすめ

通年で食べられる名物丼です♪

スタッフ／山本さん

カウンターのショーケース内には、その日にとれた旬の魚介がずらりと並ぶ

そのほかの伊勢エビMenu

伊勢エビの造り　3000円〜
伊勢エビの焼き　3000円〜

伊勢エビ定食
6500円〜

豪快な伊勢エビのほか、地元特産品のアッパ貝や地魚の盛り合わせも付く

そのほかの伊勢エビMenu

伊勢エビの焼き　1尾4500〜5500円
伊勢エビ造り　1尾4500〜5500円

❶カウンター席では食材を豪快に焼き上げる光景も
❷屋根に掲げられた伊勢エビのモニュメントが目印

浜島

いそりょうり よっと

磯料理 ヨット

好みに合わせて調理法をオーダー

造り、もしくは焼きというシンプルな調理法にこだわる磯料理専門店。伊勢エビを1匹まるごと使った定食は、プリプリの身を楽しめる造りか香ばしい焼きのふたつから、お好みで選ぶことができる。

☎0599-53-0486 住志摩市浜島町浜島1161-6 🕒11～18時（売切れ次第終了）休火曜（祝日の場合は営業）交バス停鴻住からすぐ P10台 MAP P125右下

伊勢エビ王国で有名な「浜島」へ

豊かな漁場をもつ伊勢志摩でも特に伊勢エビ漁が盛んな浜島エリア（MAP P125右下）。ここで水揚げされる伊勢エビは、全国でも指折りの最高級品とされ、地元漁業関係者も太鼓判を押す品が揃います。
☎0599-46-0570(志摩市観光案内所)

伊勢エビのロースト
(フルコースに登場)

頭はグラタン、身はローストに。メニュースペシャルは全7品登場

そのほかの伊勢エビMenu

伊勢エビコース（昼限定） 9460円～
メニュースペシャル　1万7600円～

❶プロヴァンス風のカジュアルな空間で食事を
❷閑静な住宅街に立つ隠れ家的な店

伊勢

ル・バンボッシュ《る・ばんぼっしゅ》

食材が生きる地産地消フレンチ

旬の有機野菜や魚介類など、地元食材を中心に使った一軒家フレンチ。昼、夜のコースで味わえる伊勢エビのローストはソースにも素材の旨みがたっぷり。

☎0596-26-1040 住伊勢市辻久留2-10-3 ⏰11時30分～13時30分LO、17時30分～19時LO 休火・水曜 交バス停フリー辻久留2丁目から徒歩すぐ P15台 MAP P120A2

鳥羽

伊勢海老海鮮蒸し料理 華月《いせえびかいせんむしりょうり かげつ》

伊勢海老が思う存分堪能できる

専用のヒノキのせいろで、伊勢志摩で獲れた新鮮な魚介を蒸し上げた海鮮蒸し料理は、伊勢エビはもちろん、アワビ（夏季限定）やサザエも味わえる。

☎0599-26-5252 住鳥羽市大明東町16-3 ⏰11時～13時30分LO、16時30分～19時LO 休不定休 交JR・近鉄鳥羽駅から車で6分 P20台 MAP P122B2

潮騒コース
7700円

伊勢エビ1尾の蒸し料理と地元産のお造りなどが付くぜいたくなコース

そのほかのオススメMenu

伊勢海老姿蒸し(1尾) 9900円～
さざえ蒸し 1540円

❶広々とした店内にはカウンター席と座席がありゆっくり食事が楽しめる ❷1年中伊勢エビ料理が味わえる食事処

伊勢海老お造り定食
4250円(時価)

生簀から取り出したばかりの鮮度抜群の伊勢エビをお刺身で堪能できる

そのほかの伊勢エビMenu

鳥羽の地魚海鮮丼(数量限定) 2200円
ととみ定食 1850円

❶ゆったりとしたテーブル席を用意。少人数から団体客まで利用できる ❷店頭にある大きな生簀に天然の伊勢エビが

鳥羽

魚々味《ととみ》

漁協直営の食事処

新鮮魚介を定食メニューでリーズナブルに味わえる海鮮食堂。9月下旬～5月上旬までは伊勢エビが味わえる。夏場はアワビ、秋冬はトロさわらも人気。

☎0599-21-1522 住鳥羽市堅神町833 潮騒の駅内 ⏰11～14時(土・日曜、祝日は～15時) 休火・水曜 交JR・近鉄鳥羽駅から車で4分 P30台 MAP P122A1

武士の甲冑のような殻をまとった伊勢エビ。海に含まれる石灰分を堅い殻に変えて、身を守っているんです。

本場で食べたい夏の美食 極上アワビを召し上がれ

海女さんたちがとる志摩産アワビはコリコリの食感が特徴。
各店自慢の調理法は、ステーキや寿司などバリエーションも豊富です。

アワビ
5～8月
鳥羽・志摩沿岸の漁場で海女さんらがとる高級食材。伊勢神宮にも供えられる。

伊勢

グリル片山《ぐりるかたやま》

アワビの名物ステーキを老舗で

魚介グルメの王様・伊勢エビや高級な松阪牛など、厳選素材を使ったフレンチを楽しめる店。なかでも鮑のグリンピースステーキ（単品60g8800円～）はわざわざ食べに行きたい珠玉のメニュー。蒸し焼きにしたアワビを爽やかな風味のソースで味わえば、柔らかい食感とうまみに驚くこと間違いなし。

☎0596-25-1726 住伊勢市岩渕3-6-47 ⏰12時～13時30分LO、17時30分～19時30分LO 休火曜（祝日の場合は営業、月1回連休あり）交近鉄宇治山田駅から徒歩2分 P8台 MAP P120B2

洗練された空間ながらもカジュアルな雰囲気

昭和47年（1972）創業で、地元でも愛され続ける名店

まろやかな味わいの鮑のグリーンピースステーキ

Merコース（アワビ）
1万3860円～

伊勢エビや黒毛和牛などメインを選べる通常9600円のコース。追加4400円前後でメインを鮑のグリーンピースステーキに変更できる。

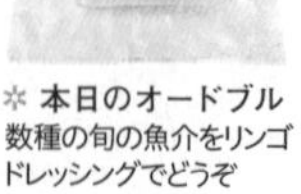

✲ 本日のオードブル
数種の旬の魚介をリンゴドレッシングでどうぞ

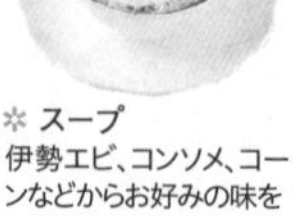

✲ スープ
伊勢エビ、コンソメ、コーンなどからお好みの味を

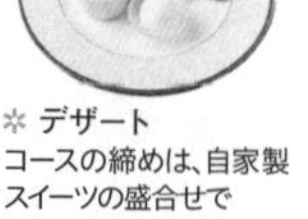

✲ デザート
コースの締めは、自家製スイーツの盛合せで

伊勢神宮へ献上される熨斗アワビとは？

アワビを薄く裂いてひも状に干した「熨斗(のし)アワビ」は、伊勢神宮(☞P20)への献上品としても有名です。産地の鳥羽市国崎町にある「神宮御料鰒(あわび)調製所」では、熨斗アワビが作り続けられています。
☎0599-25-3019(鳥羽市観光協会)

鮑のコース
1万2800円

ソテーした黒アワビを特製ソースで

そのほかのアワビMenu

鮑のコース(全10種)3000円～

❶クラシカルな調度品が揃う落ち着きのある店内
❷まるで海外の洋館のような佇まい

志摩

シェ・アン《しぇ・あん》

フレンチの匠が作る絶品コース

志摩観光ホテルで腕を磨いたフレンチのオーナーが営む一軒家レストラン。コース料理は10種あり、なかでも歯応えがあり味わい深い黒アワビをメインに使ったコースが人気。

☎080-8263-2018 住志摩市阿児町神明小才庭2070-14 ⏰12時～13時30分LO、18～20時LO(昼夜ともに要予約) 休水・木曜 交近鉄鵜方駅から車で7分 P6台 MAP P125D3

志摩

アッシュ・ドール《あっしゅ・どーる》

本格フレンチでアワビ料理を

英虞湾を望むフレンチレストラン。ディナーコースの一品として料理長お勧めの、伊勢エビや松阪肉と共にアワビ料理も楽しめる。

☎0599-43-7211 住志摩市阿児町鵜方3618-33 都リゾート 志摩ベイサイドテラス ⏰17時30分～19時30分LO(土・日曜、祝日は～20時30分LO) 休要問合せ 交近鉄賢島駅から車で7分 P60台 MAP P125右中

ブリリアントコース
1万6000円

弾力ある食感と磯の香りを楽しめる

❶窓の外には豊かな海の眺めが広がる ❷英虞湾を一望できる絶景のロケーションに立つリゾートホテル内にある

鮑理料握りなど
1個5500円～(時価)

通の味わい方は塩だそう

そのほかのアワビMenu

アワビの丸焼き　5500円～
アワビのバター焼き　2750円～

❶職人の包丁さばきを間近で見られるカウンター席のほかに座敷もある ❷駅から近くアクセスもいい店

鵜方

おとや《おとや》

寿司店で新鮮なアワビの握りを

明治41年(1908)創業の寿司の老舗で、伊勢志摩の魚介に精通する店主が腕をふるう。すべてのアワビ料理は一杯売りで、造りや握りなど、好みに応じてさまざまな調理法で味わうことができる。

☎0599-43-0074 住志摩市阿児町鵜方1692 ⏰12時～13時30分、17～21時(売切れ次第終了) 休火・水曜 交近鉄鵜方駅から徒歩3分 P8台 MAP P125右上

ベテラン海女でもとるのが難しいアワビの王様・黒アワビ。滅多に市場に出回りませんが、本場鳥羽・志摩ではお目にかかれます。

海の恵みをいただきます 的矢かき＆あのりふぐ

的矢湾でとれた的矢かきと安乗沖《あのりおき》で水揚げされるあのりふぐ。
この2大ブランドをいただくなら、旬の冬に訪れるのがおすすめです。

的矢かき
11～3月
三重ブランドのカキ。ぷっくりとした肉厚の身は、ジューシーでコクが深いと評判。

的矢かきコース
7700円～
生カキは注文後に殻をむくので、鮮度、味ともに抜群。周辺の宿ではここだけ

志摩

いかだ荘山上《いかだそうさんじょう》

アイデア料理でカキ三昧

的矢かき料理が評判の料理旅館で、食事のみの利用もOK。旬の時期のみ登場する的矢かきのコースは、的矢かき約30個を使ったぜいたくなコースで、生カキやカキフライなどが味わえる。ほかにも伊勢エビやアワビのお造りなど志摩の海でとれた新鮮魚介を使ったオプションメニュー（各5000円～）なども。

☎0599-57-2035 住志摩市磯部町的矢883-12 時11～13時、17時30分～19時（昼夜ともに要予約）休不定休 交近鉄志摩磯部駅から車で15分 送迎あり（要予約）P50台 MAP P125D1

そのほかの的矢かきMenu
生カキ　1個450円
カキフライ　3個1320円

県外から足を運ぶ、熱心なリピーターも多い

的矢かき三色焼き
1100円
マヨネーズと豆板醤のオリジナルソース、ホワイトソース、味噌を使って焼き上げたひと品

そのほかの的矢かきMenu
的矢かきコース　5700円
（2名～、要予約）
焼きカキ・生カキ　各1000円

鵜方

志摩の味ごころ 小粋《しまのあじごころ こいき》

オリジナリティあふれる創作料理

地元出身の女主人が営むアットホームな雰囲気の居酒屋。人気のカキ料理（11～3月）は、主人が考案した三色焼きを中心に、カキ鍋やカキ雑炊が付くフルコースほか。

☎0599-43-5237 住志摩市阿児町鵜方2028-2 時11時30分～13時30分LO（11～3月のみ）、17時30分～22時LO 休日曜 交近鉄鵜方駅から徒歩10分 P10台 MAP P125右上

的矢かき フライセット
2420円
カキフライ5個にアオサの天ぷらも付くお得な定食。特製タルタルソースで召し上がれ。

そのほかの的矢かきMenu
生カキ
2個770円
焼きカキ
2個770円

的矢

まごころの宿 丸定《まごころのやど まるさだ》

こだわりの的矢かきを手軽に

的矢湾の海辺に佇む料理旅館。手頃な値段で品質にこだわった的矢かきのランチを。宿泊は1泊2食付1万3750円～で、郷土料理の的矢かきフルコースが味わえる。

☎0599-57-2248 住志摩市磯部町的矢934-5 時12～13時30分LO 休不定休（要予約）交近鉄鵜方駅から車で15分 P10台 MAP P125D1

あのりふぐ

10～3月

伊勢湾、遠州灘から熊野灘にかけての海域で揚がる700g以上の天然とらふぐ。

心勢水産のあのりふぐをみやげに

心勢水産はあのりふぐ料理まるせい（☞p95）を直営する活魚問屋。10～3月のシーズンには約1kgのあのりふぐと薬味が入った福鍋セット1万5000円～を販売。自宅で気軽にふぐ鍋を楽しむこともできる。

☎0599-47-0129 MAP P125D2

志摩

あのりふぐ料理《あのりふぐりょうり》 まるせい《まるせい》

問屋直営店で味わうあのりふぐ

あのりふぐフルコース
1万2100円～（2名以上で注文）
てっさ、てっぴ、唐揚げ、焼きふぐ、焼き白子、てっちり、雑炊セット、デザートなどがつく

安乗漁港のほど近くで、あのりふぐ問屋が10～3月のシーズン中のみ直営する食事処。鮮度とボリューム満点のあのりふぐをコース6600円～やあのりふぐ御膳3850円などで存分に味わうことができる。土・日曜や祝日は特に混むのでできれば事前に予約を。特にディナータイムは当日15時までに予約が必要だ。

☎0599-47-0128 住志摩市阿児町安乗178-3 🕒10～3月の11～15時、17～21時（夜は要予約）休火曜（祝日の場合は翌日）交近鉄鵜方駅から車で15分 P20台 MAP P125D2

シーズン限定の人気店なので事前に予約を

そのほかのあのりふぐMenu

ふぐたたき3850円
焼き白子3850円（11月下旬～）
白子天ぷら1320円（11月下旬～）

あのりふぐコース(焼き白子付き)
1万7600円
てっちり、てっさはもちろん創作料理など充実のコース。焼き白子のコースは11月中旬ごろ～登場。

そのほかのオススメMenu

伊勢エビコース　1万6500円

志摩

料理旅館《りょうりりょかん》 丸寅《まるとら》

志摩の旬食材をコースでどうぞ

主人が仕入れた厳選食材をふんだんに味わえる旅館で、食事のみの利用もできる。夕食にあのりふぐコース（焼き白子付き）がついた1泊2食付きの宿泊プランは2万4200円～。

☎0599-47-3315 住志摩市阿児町安乗1408-1 🕒12～14時、17時30分～20時30分 休不定休 交近鉄鵜方駅から車で15分 P8台 MAP P125D2

あのりふぐグルメプラン
食事のみ1万7600円～
てっさやふぐちり、カルパッチョ、焼きふぐ、雑炊など余すところなくあのりふぐの旨味を楽しめる

そのほかのオススメMenu

伊勢エビのお造り
2000～3000円
海鮮あぶり焼きプラン
食事のみ1万4300円

志摩

料理旅館《りょうりりょかん》 富久潮《ふくしお》

海景色を望む宿で自慢の魚介を

地元産にこだわった魚介料理を食べさせてくれる。秋冬限定のあのりふぐグルメプランは1泊2食付2万3100円～。日帰り、宿泊ともに3日前まで要予約。

☎0599-47-3520 住志摩市阿児町国府3675-1 🕒昼食12時～、夕食18時～ 休完全予約制 交近鉄鵜方駅から車で20分 P10台 MAP P125D2

一般的なカキの倍以上の値がつくという的矢かき。生や焼きもおいしいですが、実は甘味噌で焼くのが伊勢流なんです。

伊勢うどんとてこね寿司 気軽に食せる郷土料理です

伊勢の伊勢うどんと志摩のてこね寿司は、三重郷土料理の2トップ。
地元でも愛され続ける人気店で、伝統の味をご賞味あれ。

伊勢うどん

コシのないもっちり軟らかい麺を、甘辛いタレに絡めて食べるご当地麺。参拝客がお伊勢まいりの途中に手早く食べたことから地元に広まったとか。

伊勢うどん 550円
1.5玉分の麺を使うのでボリューム満点。ピリ辛の一味をかけて食べるのがご当地流

そのほかのMenu
伊勢うどん山かけ 700円
伊勢うどんおろし 650円

伊勢

起矢食堂《きやしょくどう》

地元で愛される老舗のうどん

主人が子どものころに食べた、家庭的な伊勢うどんの味を再現したといううどんは、煮干し、昆布、花カツオなどでとったダシと伊勢醤油で仕上げたタレが味の決め手。1週間寝かせて熟成させたタレにはほどよいとろみがあり、もちもちの太麺との絡みもいい。

☎0596-23-5740 住伊勢市尾上町5-31 🕒11～14時、17～19時 休火曜 交近鉄宇治山田駅から徒歩10分 P4台 MAP P120C2

旧参道沿いに立つ

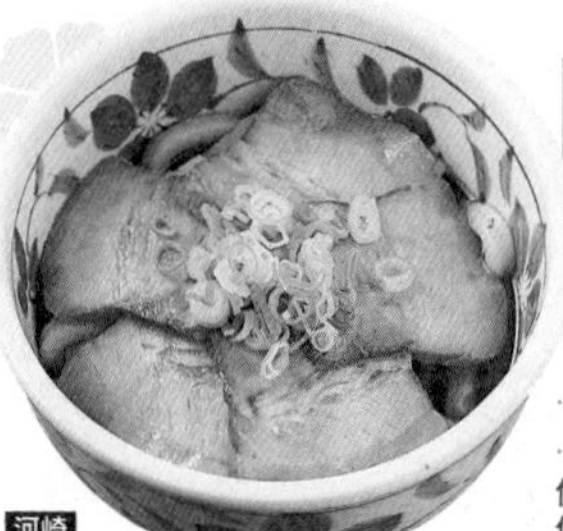

焼豚伊勢うどん 900円
客のリクエストから誕生した人気メニュー。軟らかい自家製チャーシューも美味

そのほかのMenu
伊勢うどん 600円
伊勢月見うどん 800円
にしん伊勢うどん 1000円

河崎

つたや《つたや》

薪釜で炊き上げる秘伝のタレがクセになる

創業当時から変わらぬ製法を守り、薪釜で約6時間をかけて炊き上げるタレが自慢。ダシには利尻産昆布にカツオ節、トビウオなど数種の煮干しを使用。2代、3代と通う地元客も多い。

☎0596-28-3880 住伊勢市河崎2-22-24 🕒11～16時（売り切れ次第終了）休日曜 交JR・近鉄伊勢市駅から徒歩14分 P6台 MAP P59A1

昭和20年創業の老舗。小上がり席もある

ごちゃいせうどん 1350円（税別）
エビ天や甘辛く煮込んだ牛肉、かまぼこなどが盛られたボリューム満点の一杯

そのほかのMenu
伊勢うどん 600円
月見うどん 680円
郷土食膳（てこねずしとのセット）1550円（1日限定20食）

伊勢

山口屋《やまぐちや》

自家製の麺&タレで供する伝統の味

昭和初期創業の老舗。自家製麺と秘伝のタレを使った伊勢うどんが味わえ、なかでも常連客が考案した「ごちゃいせうどん」が人気。伊勢うどんのタレがベースの伊勢そば650円も。

☎0596-28-3856 住伊勢市宮後1-4-23 🕒10～15時、16時～18時30分 休木曜、第1・3水曜（祝日の場合は営業）交JR・近鉄伊勢市駅から徒歩3分 P3台 MAP P121B1

伊勢市駅からほど近く、アクセスしやすい

コクのある醤油文化
三重の名産
「伊勢醤油」

三重県では昔から濃口醤油やたまり醤油の食文化が根付きました。県産丸大豆と小麦で作る伊勢醤油は、名産品としても有名です。「伊勢醤油本舗」(☞P49右中)の伊勢醤油縁起100mℓ560円。
☎0596-23-8847

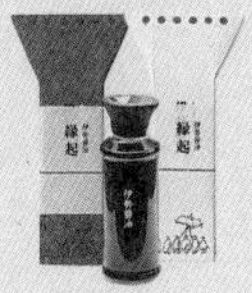

てこね寿司

カツオ漁師が船上で食べたのが始まりといわれる志摩地方の郷土料理。醤油タレに漬け込んだカツオの刺身が、酢飯の上にたっぷりのる。

てこねずし
950円
ご飯とご飯の間にもカツオを挟むので、最後まで味がしっかりしている。漬物、吸物付き

そのほかのMenu
てこねずし定食 2050円
てこねずしと茶碗蒸し 1180円
名物合わせ
(てこねずしと伊勢うどんとのセット)
1650円

伊勢

手《て》こね茶屋《ぢゃや》 本店《ほんてん》

カツオと酢めしのバランスが◎

自家製ブレンドの醤油タレ、粘り気のある三重県産の米などの原材料にこだわり、秘伝の製法で作るてこね寿司は少し甘めの味付けが女性にも好評。自家調合の酢を使い、青ジソを混ぜ込んだ風味豊かな酢めしはカツオとの相性も抜群だ。

☎0596-24-0611 住伊勢市宇治浦田1-4-22 ◷11～15時、17～20時(土・日曜、祝日は11～20時) 休無休 交バス停浦田町から徒歩2分 P14台 MAP P120C4

窓側席は五十鈴川を眺められる特等席

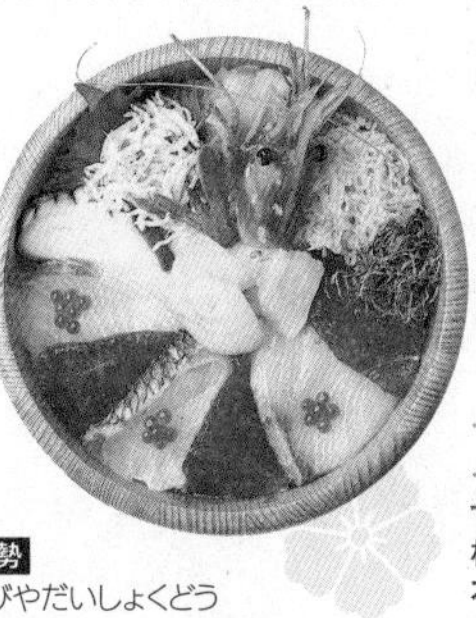

特製地魚のてこねずし定食
3168円
旬の海の幸を日替わりで4種類以上つめ込んだ一品。味噌汁、小鉢、お新香、甘味付き

そのほかのMenu
てこねずし定食 1848円
松阪牛鍋丼 2068円～
本マグロのトロてこねずし定食 4488円

伊勢

ゑびや大食堂《えびやだいしょくどう》

食材が豊富なオリジナルてこね寿司

使用する食材の9割が三重県産とこだわりの料理が味わえる食事処。特製のたれに漬け込んだ定番のてこね寿司のほか、地元の市場から直送された魚介をぜいたくに乗せたてこね寿司も人気。

☎0596-24-3494 住伊勢市宇治今在家町13 ◷11～16時 休無休 交バス停内宮前から徒歩すぐ Pなし MAP P47左下

テーブル席のほか、座敷席もある

手こねずし
957円
甘めの醤油タレと軟らかいカツオが特徴で、カイワレの辛味によく合う。

そのほかのMenu
手こねずし膳・梅
(伊勢うどんとのセット) 1485円
手こねずし膳・松
(伊勢うどんとのセット) 1705円

鳥羽

七越茶屋《ななこしちゃや》

田舎風の醤油タレが人気の秘密

伊勢の郷土料理、てこねずしと伊勢うどんの両方を味わえる食事処。人気のてこね寿司はカツオの身が堅くならないように配慮した、ほどよい漬け込み加減がポイント。甘めのタレも美味。

☎0599-26-3690 住鳥羽市鳥羽3-4-32 ◷11～18時 休水曜(木曜は～15時、祝日の場合は営業) 交JR・近鉄鳥羽駅から徒歩7分 P10台 MAP P123B2

創業から50余年を数える歴史のある店

伊勢市内のスーパーでは「伊勢うどん」コーナーがあり、生麺が種類豊富に売られています。

鳥羽の新鮮魚介を堪能
新鮮で彩り豊かな海鮮丼を食す

鳥羽の海の幸をぜいたくに味わうなら海鮮丼がおすすめ。
味はもちろんインパクト大のビジュアルの名物丼をご紹介します。

海鮮丼

一杯の丼の中に、鮮度抜群のさまざまな魚介類が大集合。伊勢志摩の海の幸をたらふく楽しめる丼は、まさに一挙両得の欲張りグルメ。

朝いち海鮮丼
1950円～

エビ、煮うに、イカなど近海産中心のネタが15種類以上！カキの佃煮も盛り込んだ名物丼

そのほかのMenu

三色丼 1950円～
しらすぶっかけ丼 1480円～
カキ三昧定食 2300円～

鳥羽

海鮮丼&浜焼き市場 海太郎《かいせんどんあんど はまやきいちば かいたろう》

海鮮問屋で味わうトレピチ魚介

店主はカキの養殖業と海鮮問屋を営む目利きのプロ。サーモンいくら丼など約30種類の丼や海鮮定食で、新鮮な旬の魚介が味わえる。ほかにも、朝とれのカキ、サザエ、ホタテ、はまぐりなどや伊勢エビ、アワビも浜焼きにしていただける。☎0599-37-7575 住鳥羽市安楽島町木場23 ⏲9時30分~19時30分(日没後、食材が無くなり次第終了の場合あり) 休無休(木曜休みの場合あり) 交JR・近鉄鳥羽駅から車で8分 P60台 MAP P122B2

パールロード沿いに立つ▶

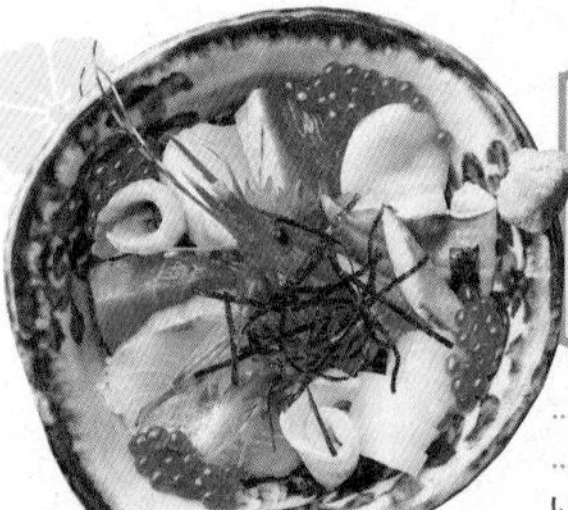

海鮮丼
2600円

タイやカンパチ、イカなど地元産を中心としたネタが13種類盛られた丼ぶり

そのほかのMenu

いくら丼 2380円
エビフライ定食 2300円
天麩羅定食 2300円

鳥羽

一栄《かずえい》

地元の人でにぎわう海鮮居酒屋

旬の魚介を使った海鮮料理が自慢の居酒屋。定食や丼ぶりのほか、一品メニューも豊富にラインナップ。地酒の種類も多く取り揃えており、お造りを酒の肴に頼むのもおすすめ。

☎0599-25-2885 住鳥羽市鳥羽1-22-21 ⏲17~23時 休水曜 交JR・近鉄鳥羽駅から徒歩7分 P10台 MAP P123A2

カウンターと小上がり座敷がある

スペシャル海鮮丼
2500円

カンパチやタイなど時期によってネタは変わるが数種類の地魚が乗った一品

そのほかのMenu

刺身定食 1800円
魚フライ定食 1700円
伊勢うどん 480円

鳥羽

○八食堂《まるはちしょくどう》

新鮮な魚介を存分に堪能できる食堂

店主がその日に仕入れた旬の魚介を使った料理が味わえる。ボリューム満点の自慢の海鮮丼のほか、多彩な定食や単品料理もおすすめ。鳥羽駅構内にあるのでアクセスしやすい。

☎0599-25-8880 住鳥羽市鳥羽1-8-13 鳥羽駅名店街内 ⏲11時30分~21時※ネタが無くなり次第閉店 休火曜、第2・4水曜 交JR・近鉄鳥羽駅構内 Pなし MAP P123B2

ゆったり食事が楽しめる落ち着いた店内

夜は癒やしの空間でぐっすり！
私にぴったりの宿探し

伊勢志摩は、紺碧の海が広がるシーサイドスポット。
その海辺には眺望自慢の露天風呂を備える宿や
リゾート感あふれるホテル、料理自慢の宿など、
至福のひと時を過ごせる名宿が揃っています。

非日常空間で癒やしのひととき 憧れのリゾートホテル♪

洗練された豪華リゾートホテルから、シックな大人の和風旅館まで。
たまにはちょっぴり贅沢に、ごほうびステイを楽しみましょう。

～ Note ～

ホテルに一歩入ればそこは非日常の世界。贅沢な空間が広がる。

賢島

志摩観光ホテル ザ ベイスイート《しまかんこうほてる ざ べいすいーと》

全室スイートルームの名門ホテルに宿泊

2016年にG7伊勢志摩サミットが開催されたホテル。館内には約5万粒もの真珠がちりばめられ、フロント天井のオブジェなどでその美しい輝きを見ることができる。晴れた日には、屋上庭園から眺めることができる英《あ》虞《ご》湾の夕景もおすすめ。

☎0599-43-1211 住志摩市阿児町神明731 交近鉄賢島駅から車で3分 送迎あり（要予約）P49台 IN15時／OUT12時 室全50室（洋50）●2008年10月開業 MAP P125右中

❶自然美豊かな眺望が広がる屋上庭園 ❷格調高いロビーは天井の真珠オブジェが美しい輝き

料金

平日 1泊2食付
5万8000円～
休前日 1泊2食付
6万5500円～

優雅なステイで一日を過ごす

15:00

エントランスロビーにてチェックイン
シッティングスタイルでゆったりとしたチェックインを

15:30

広々とした客室へ。まずはひと休み
本日のお部屋はもちろんスイート。すべての部屋が100㎡以上の広さ

16:30

本格スパを体験
ラグジュアリーブランドのリゾートスパで癒やしの時間を

18:30

フレンチレストラン「ラ・メール」でディナー
夕食は女性総料理長の感性が光る「海の幸フランス料理」

鳥羽

御宿《おやど》 The Earth《じ あーす》

原生林に包まれた大人の籠り宿

緑深い森に包まれた岬に立つ格式高い旅館。広大な敷地に客室は16室のみで、すべてに温泉露天風呂が付く。客室専用キッチンで調理人が料理を仕上げてくれるプレミアムスイートなど、7タイプの客室が揃っている。

☎0599-21-8111 住鳥羽市石鏡町中ノ山龍の栖 交JR・近鉄鳥羽駅から車で30分 送迎あり（運行時間は要問合せ）P15台 IN14時／OUT11時 室全16室（和洋16）●2008年7月開業 MAP P122C3

～Note～

最も広いプレジデンシャルスイートは、リビングや寝室、和室があり100㎡。

料金

平日 1泊2食付
4万1800円～
休前日 1泊2食付
4万7850円～

❶伊勢志摩や各地の旬の食材を取り入れた和会席 ❷屋上の展望スペースからは、水平線を見渡せる

❶最上階にある57㎡のアンバサダースイート ❷目の前に英虞湾の絶景が広がる ❸英虞湾の高台に立つホテル

～Note～

開業当時から変わらないおもてなしで、ぜいたくなホテルステイを満喫

料金

平日1泊2食付
3万9500円～
休前日
4万3500円～

志摩

志摩観光ホテル《しまかんこうほてる》 ザ クラシック《ざ くらしっく》

英虞湾に浮かぶリゾートホテル

伊勢志摩サミット開催ホテルとして知られ、1951年の開業以来さまざまな著名人が訪れるホテル。木のぬくもりを感じる上品な客室でゆっくり過ごせる。ディナーは伝統の味「海の幸フランス料理」を堪能したい。

☎0599-43-1211 住志摩市阿児町神明731 交近鉄賢島駅から徒歩5分 シャトルバスあり P66台 IN14時／OUT11時 室114室（洋114）●1951年4月開業 MAP P125右中

賢島

都リゾート《みやこりぞーと》 志摩《しま》 ベイサイドテラス《べいさいどてらす》
（旧 海辺ホテル プライムリゾート賢島）

白亜の南欧風リゾート

オレンジのスペイン瓦と白壁のヴィラが並ぶリゾートホテル。自分に合った癒やしメニューを体験できるエステやヘルシーフレンチが味わえるレストランなど、女性にうれしいスポットがたくさん。

☎0599-43-7211 住志摩市阿児町鵜方3618-33 交近鉄賢島駅から車で5分 送迎あり（運行時間は要問合せ）P60台 IN15時／OUT11時 室全108室（洋84・和洋24）●1992年7月開業 MAP P125右中

～Note～

地中海のリゾート地「コスタ・デル・ソル」をイメージ。まるで海外旅行気分♪

料金

平日 1泊2食付
2万1500円～
休前日 1泊2食付
2万5000円～

※2024年1月中旬～12月ごろ（夏季を除く）まで工事予定あり。詳細は要問合せ

❶美しい英虞湾が眺められるリゾート気分満点のテラス ❷2018年4月にリニューアルしたスーペリアツイン

夕食は伊勢志摩の旬の食材を！料理自慢の美宿がお気に入り

豊かな漁場に恵まれた伊勢志摩でのステイは夕食も楽しみの一つ。
旬の食材を使った名物料理が供される自慢の宿を見つけました。

※写真はイメージです

活伊勢エビを豪快に焼く 名物浜島焼「渚の宴」プラン

1泊2食付1万7600円～

夕食で一番人気の浜島焼。焼きたてプリップリ、海老味噌たっぷりの伊勢えびや旬の魚介を堪能できる。

浜島

シーサイドホテル《しーさいどほてる》 鯨望荘《げいぼうそう》

夕食は名物料理の浜島焼を！

名物の浜島焼きは、地元の海女たちに伝わる素朴な郷土料理を再現。海で獲れた伊勢エビやアワビ、サザエなど旬の魚介を、火場で豪快に焼き上げてくれる。磯の香りと天然の塩味で思う存分味わいたい。

☎0599-53-0029 住志摩市浜島町浜島1550-1 交近鉄賢島駅から車で20分 送迎あり(要予約) P40台 IN15時／OUT10時 室全35室（和33）●2008年改装 MAP P125右下

半露天風呂付きの洋室は平日1泊2食付2万4200円～

料金

平日 1泊2食付
1万7600円～
休前日 1泊2食付
2万2000円～

太平洋を望む露天風呂「つばすの湯」

こんな食材を丸焼きに

海の幸てんこ盛り♪

サザエ
旬は3～9月。磯の香りがたまらない。

アワビ
旬は4～9月。肉厚で柔らかく旨みたっぷり。

伊勢エビ
旬は10～3月だが、鯨望荘では年間を通じて味わえる。

カキ
旬は11～2月。豪快に焼いてアツアツを召し上がれ！

志摩

セラピーリゾート《せらぴーりぞーと》
伊勢志摩《いせしま》

栄養士によるヘルシーな食事

夕食は伊勢志摩の素材とボリューム感にこだわり、管理栄養士によるカロリー計算も。体にやさしくおいしいと、女性客から評判。タンパクコントロール会席など療養プランもある。

☎0599-47-0888 住志摩市阿児町安乗832-1 交近鉄鵜方駅から車で15分 送迎あり P10台 IN15時／OUT10時 室全7室(和4・和洋1・ツイン2)●2010年7月開業 MAP P125E2

料金

平日 1泊2食付
1万6500円～
休前日 1泊2食付
1万8700円～

ヘルシー
和洋懐石コース
1泊2食付1万6500円～
伊勢志摩産の魚介と新鮮な野菜や伊勢エビの姿造り、刺身の盛り合わせなど、カロリー控えめながらも美味な料理がずらり。

❶壁には、遠赤外線効果のある珪藻土を使用 ❷夜には満天の星空を仰げる、露天風呂へ行こう

賢島

汀渚《ていしょ》 ばさら邸《ばさらてい》

高台に立つ湯宿で創作料理を

夕日に染まる英虞湾を望む高台に建つ、大人のための隠れ家。敷地面積5000坪を誇り、敷地内には20の客室と貸切風呂や庭が点在する。のんびりと敷地を巡りながら、自分だけの特別な時間と場所を見つけよう。

☎0599-46-1189 住志摩市阿児町鵜方3618-74 交近鉄賢島駅から車で5分 IN15時／OUT11時 室全20室(和洋20) P16台 ●2007年開業 MAP P125右中

料金

平日 1泊2食付
4万1950円～
休前日 1泊2食付
4万7450円～

至高の食を愉しむ
「美食豊潤」
価格は要確認
季節に合わせた旬の食材を備長炭で調理した特別献立を加えたばさら創作膳を楽しめる。特別な日にぴったり

❶英虞湾の絶景を独占できる貸切露天風呂 ❷フリードリンクが楽しめるパブリックスペースも

賢島

美食の隠れ家《びしょくのかくれが》
プロヴァンス《ぷろゔぁんす》

地産食材の創作海鮮料理

プロヴァンス流創作海鮮料理が充実した、地産地消にこだわった美食のオーベルジュ。食、湯、泊を堪能できるほか、天体観測やエステを楽しめるのも魅力。

☎0599-46-0001 住志摩市阿児町神明660 交近鉄志摩神明駅から徒歩すぐ 近鉄賢島駅から送迎あり P25台 IN15時／OUT10時 室全24室(洋24)●2015年7月改築 MAP P125右中

料金

平日 1泊2食付
1万9500円～
休前日 1泊2食付
2万2800円～

美食プラン
1泊2食付1万9500円～
新鮮な地魚など、この地ならではの食材を、シェフが自由な発想で料理するディナーが魅力。こだわりの味を楽しめる。

❶部屋にはオーダーメイドのオリジナル家具もある ❷趣きが異なる3種の湯船がある大浴場

晴れ渡る空と海を見たいから海辺のホテルをご指名します

鳥羽湾や的矢湾、英虞湾など、美しい海に囲まれた伊勢志摩。
海を目当てに泊まるなら、やっぱりシーサイドホテルでしょう。

Note 2024年の春、パノラミックな鳥羽湾の絶景が楽しめるラグジュアリーテラスに変貌します。

鳥羽

鳥羽国際ホテル《とばこくさいほてる》

鳥羽湾を臨むテラスでひと息

鳥羽湾を見渡せる主水岬というロケーションに立ち、絶景を間近に望むことができるリゾートホテル。半世紀以上にわたり、皇族や国賓をはじめとする国内外の賓客をもてなしてきた歴史がある。2024年春、「エントラスフロア」や一部の「客室」などがリニューアルオープン。

☎0599-26-4121 住鳥羽市鳥羽1-23-1 交JR・近鉄鳥羽駅から車で5分 🅱送迎あり 🕒IN14時／OUT11時 室全84室（和洋10・洋74）P120台 ●1964年3月開業 MAP P123B1

料金

平日 1泊2食付 2万8270円～
休前日 1泊2食付 3万800円～

❶「リゾートフレンチ」のメインダイニングシーホース ❷地元の魚介を使ったフランス料理 ❸海が目の前に広がり開放感溢れる客室

鳥羽

鳥羽シーサイドホテル《とばしーさいどほてる》

鳥羽湾の絶景を堪能できる宿

鳥羽湾を一望できる「風見の湯」、ジャクジーとサウナが楽しめる「汀の湯」、潮風と潮の音に包まれる「岬の湯」など3つの温浴施設で、湯めぐりを満喫。グラウンドゴルフやゴルフシミュレーターなどアクティブ施設も充実、夏季は海水&淡水プールもオープン。

☎0599-25-8181 住鳥羽市安楽島町1084 交JR・近鉄鳥羽駅から車で10分 🕒IN15時／OUT10時 🅱送迎あり 室全206室（和196・洋4・和洋6）P200台 ●1971年開業、2016年4月一部改装 MAP P123C3

料金

平日 1泊2食付 1万9800円～
休前日 1泊2食付 2万4750円～

Note 望館6階の「風見の湯」露天風呂は鳥羽湾が一望に。岩風呂や檜風呂、つぼ風呂も揃う。

❶鳥羽湾の大自然に包まれたロケーションが自慢 ❷開放感たっぷりのロビー・ラウンジ ❸貸切家族風呂は有料60分3300円

温泉あり　部屋食　エステあり　禁煙ルームあり　大浴場あり　ひとり宿泊OK

賢島

賢島宝生苑《かしこじまほうじょうえん》

うみを見渡す開放感満点の庭園露天風呂

全室オーシャンビューの温泉旅館。天然温泉を引いた「朝なぎの湯・夕なぎの湯」が名物で、庭園露天からは真珠筏が浮かぶリアス式海岸の眺望を楽しめる。館内は滝が流れる粋な造りに。

☎0599-43-3111 住志摩市阿児町神明718-3（賢島）交近鉄賢島駅から徒歩7分 日送迎あり（定期運行）P121台 ◷IN15時／OUT10時 室全165室（和158・和洋7）●1995年7月開業 MAP P125右中

Note

「朝なぎの湯」男湯から英虞湾の朝景を。「夕なぎの湯」女湯から夕景を愉しめる。

料金

平日 1泊2食付
2万5300円〜
休前日 1泊2食付
2万8600円〜

❶賢島の海辺に立つ立地も魅力 ❷客室からも自然豊かな海景色が楽しめる

志摩

Villa Ryusei《ゔぃら りゅうせい》

9室のみのリゾートヴィラ

英虞湾を見下ろせる高台にある湯宿。ラグジュアリーなスイートヴィラの全室に備えられた客室露天風呂からは英虞湾の絶景を一望できる。その日とれた最高の食材を使用した会席料理も絶品で、部屋でいただけるのもポイント。

☎0599-65-7778 住志摩市阿児町鵜方3618-37 交近鉄賢島駅から車で5分 日送迎あり（要予約）P15台 ◷IN14時／OUT12時 室9室（和洋9）●2021年3月開業 MAP P125右中

Note

たった9室の客室は絶景を独り占めできるぜいたくな空間。

料金

平日 1泊2食付
3万5200円〜
休前日
4万5100円〜

❶メゾネットタイプのスイートヴィラ。全部屋に客室露天風呂がついている ❷英虞湾の丘に佇む

志摩

はいふう《はいふう》

アジアのリゾートを思わせる湯宿

的矢湾に浮かぶ小島にあり、気軽に離島ステイを楽しめるリゾート温泉ホテル。ハーブオイルを使ったインド式のマッサージなど、体のバランスを整える本格的アーユルヴェーダも体験できるので、身も心も癒やされたい。

☎0599-57-2255 住志摩市磯部町渡鹿野 交バス停渡鹿野渡船場下車、送迎船で3分 P100台 ◷IN15時／OUT11時 室全21室（和9・洋10・和洋2）●2004年11月開業 MAP P125D2

Note

全客室温泉露天風呂付。朝夕と変わりゆく海の景色とともに、良湯を。

料金

平日 1泊2食付
2万7500円〜
休前日 1泊2食付
3万1900円〜

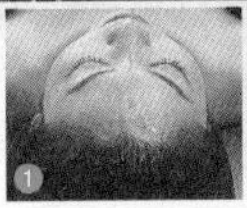

❶人気のアーユルヴェーダ35分8800円〜 ❷広々とした庭園露天風呂。湯上がりにはハーブティーもある

伊勢志摩の宿

お手軽な宿泊料金はもちろん
温泉・料理・眺望など
コスパ重視の宿をご紹介！

伊勢

神宮会館《じんぐうかいかん》

お伊勢まいりの拠点にぴったり

伊勢神宮崇敬会が運営するお伊勢まいりの宿。内宮まで徒歩5分の場所にあり、伊勢神宮や門前町散策の拠点に便利。希望者には早朝参拝の案内を行っており、毎朝6時30分から伊勢神宮（内宮）を無料ガイド（宿泊者のみ）してくれる。DATA ☎0596-22-0001 住伊勢市宇治中之切町152 交バス停神宮会館前から徒歩すぐ 送送迎なし P200台 ¥平日1万1550円～ 休前日1万2650円～ IN15時/OUT10時 室全52室(和49・洋3)●1953年12月開業 MAP P120C4

二見

日章館《にっしょうかん》

夫婦岩近くに立つ浜辺の宿

心地よい潮風を感じる海辺に立ち、全6室の客室からは四季折々の伊勢湾を眺められる。地元産の伊勢エビ料理に定評があり、活き造りや具足煮、鬼殻焼などプランにより伊勢エビ料理が楽しめる。館内全面禁煙。DATA ☎0596-43-5000 住伊勢市二見町茶屋537-1 交JR二見駅から徒歩12分 送送迎あり（要確認）P10台 ¥平日1万4300円～ 休前日1万6500円～ IN15時/OUT10時 室全6室（和6）●1957年7月開業 MAP P121B3

相差

龍宮料理の宿《りゅうぐうりょうりのやど》 伝洋《でんよう》

美味なる海鮮料理が味わえる

漁師の主人と海女の女将がもてなす料理旅館。人気の食道楽プラン1泊2食付き1万9800円～は、真鯛やヒラメなどの舟盛りに加え、1人につき伊勢エビ1匹・アワビ1個が付く豪華な内容。相差の海の幸を思う存分味わおう。DATA ☎0599-33-6166 住鳥羽市相差町255-2 交JR・近鉄鳥羽駅から車で30分 送なし P15台 ¥平日1万1000円～ 休前日1万5400円～ IN15時/OUT10時 室全7室（和7）●1976年開業 MAP P123A4

志摩

公共の宿《こうきょうのやど》伊勢志摩ユースホステル《いせしまゆーすほすてる》

長期滞在するなら

的矢湾から昇る朝日や、志摩スペイン村の花火も正面に見える。志摩スペイン村へは車で5分、鳥羽水族館、伊勢神宮へは車で25分と好立地。リーズナブルな料金設定で、素泊や朝食付など自分に合ったプランが選べる。DATA ☎0599-55-0226 住志摩市磯部町穴川1219-82 交近鉄穴川駅から徒歩12分 P20台 ¥平日7590円～ 休前日8140円～ IN16時／OUT9時30分 室18室(和12、洋5室)●1963年12月開業 MAP P124C2

賢島

リゾートパークともやま《りぞーとぱーくともやま》

愛犬とお泊まり旅もOK!

約5万坪の広い敷地内にはプライベートビーチがあるほか、テニスやゴルフが楽しめ、ペットと泊まれる専用コテージもある。部屋は和室の本館からコテージまでいろいろ。海の幸ゆたかな食事もうれしい。DATA ☎0599-72-2321 住志摩市大王町船越2746-37 交近鉄賢島駅から車で15分 送送迎なし P80台 ¥1万4450円～ IN14時30分/OUT10時 室全43室(和20・和洋23)●2010年一部リニューアル MAP P125D3

志摩

プチホテル賢島《かしこじま》ハーバー《ぷちほてる はーばー》

志摩観光の楽しみが広がるプチホテル

ホテル前にある専用桟橋では、簡単な釣りや魚の餌やりが体験できる。竿レンタル無料、餌100円。横山までレンタル電動自転車で30分。ホテルのボートでクルージングも楽しめる(火曜休み)。特に夕方のサンセットがおすすめ DATA ☎0599-43-4915 住志摩市阿児町神明754-24 交近鉄賢島駅から徒歩3分 送送迎あり（要確認）P12台 ¥平日4200円～ 休前日5200円～ IN15時/OUT10時 室全5室（洋5）●近くに温泉あり。利用700円 ●1995年7月開業 MAP P125右中

志摩

賢島の宿みち潮《かしこじまのやどみちしお》

英虞湾に立つ癒やしの宿

全室から美しい英虞湾を見渡せる宿。人工ラジウム温泉の大浴場も眺望がよく、露天風呂や檜風呂など多彩な浴槽に浸かりながら海景色が楽しめる。朝・夕食ともに部屋食なのでプライベートな時間を堪能しよう。DATA ☎0599-43-1067 住志摩市阿児町神明754-9 交近鉄賢島駅から徒歩5分 送送迎あり（当日要連絡）P50台 ¥平日1万3000円～ 休前日1万6000円～ IN15時/OUT10時 室全44室(和38・和洋6)●1980年4月改築 MAP P125右中

温泉あり　部屋食　エステあり　禁煙ルームあり　大浴場あり　ひとり宿泊OK

ひと足のばして周辺の町へ
伊勢志摩からのプチ旅

かの松阪牛で名高い城下町・松阪。
日本最大級の商業施設「VISON」。
宿場町の面影が今もなお残る昔町・関。
伊勢志摩をぐるっと観光した帰りに立ち寄りましょう。

城下町の面影が残る 松阪をゆる～りさんぽ

伊勢から電車で
約15分

城下町として栄えた松阪には、今も城跡や武家屋敷が残ります。
レトロな雑貨店やカフェをのぞきつつ、町を歩いてみましょう。

松阪ってこんなところ

戦国時代の武将・蒲生氏郷《がもううじさと》が開いた城下町。江戸時代には商業の町として発展、松阪もめんの産地として全国にその名を知られている。また、和牛の高級ブランド・松阪牛でも有名で、市内にはすき焼きやステーキなどを味わえる数々の名店がある。

アクセス

電車：JR・近鉄松阪駅へは、JR伊勢市駅から快速みえで20分、近鉄伊勢市駅から特急で14分

クルマ：伊勢道伊勢ICから松阪IC ～県道59号経由で松阪市街へ。伊勢ICから約40km

広域MAP 折込裏C1

▲日本100名城に選定される松坂城跡

START JR・近鉄松阪駅

徒歩7分

体験

1 松阪もめんきものレンタルセンター《まつさかもめんきものれんたるせんたー》

松阪もめんの着物で風情溢れる散策を楽しもう

天然藍の縞柄が美しい松阪もめんは、江戸っ子にも「粋」と称えられた伝統工芸品。創業100余年の着物専門店では、松阪もめんの着物&小物一式をレンタルしているので、城下町歩きの前にぜひ訪れよう。

☎0598-21-0551 住松阪市日野町589-1 ¥男女ともにレンタル一式3000円（3時間※要予約）🕒11～18時（季節により異なる）休月・木曜 交JR・近鉄松阪駅から徒歩7分 P6台 MAP P109B2

❶着付け時間は約5分。松阪もめんの魅力を気軽に楽しんで ❷レンタルする着物・帯・草履・巾着は好みで選べる

徒歩5分

◀最中アイス1個400円。ミルク・きなこ・黒ゴマ・抹茶・チョコチップなど全5～6種が揃う▼店頭では国産純粋蜂蜜を販売。1本907円～

徒歩5分

買う

2 松治郎の舗《まつじろうのみせ》

ほんのり甘～い蜂蜜アイスが人気

大正元年（1912）創業の養蜂場の蜂蜜専門店。生乳に蜂蜜を加えたアイスを、真珠貝をモチーフにした皮ではさんだ最中アイスが人気。国産蜂蜜も多数販売。

☎0598-26-8133 住松阪市中町1873 🕒10時～17時30分 休木曜 交JR・近鉄松阪駅から徒歩7分 P3台 MAP P109B1

名所

5 旧長谷川治郎兵衛家《きゅうはせがわじろべえけ》

木綿問屋として繁栄した豪商の邸宅を公開

創業以来の商業資料や諸道具など8700点も保存されている、江戸時代の豪商・長谷川治郎兵衛家の邸宅。格子、幕板、切妻造の蔵、うだつの上がる屋根など、当時の松阪商人の隆盛ぶりが窺える。

☎0598-21-8600 住松阪市魚町1653 ¥入館400円 ⏰9～17時 休水曜（祝日の場合は翌平日）、年末年始 交JR・近鉄松阪駅から徒歩10分 P松阪市駐車場利用 MAP P109A1

▶2016年に国の重要文化財に指定された

徒歩すぐ

見る・買う

4 豪商のまち松阪観光交流センター《ごうしょうのまちまつさかかんこうこうりゅうせんたー》

松阪の観光からみやげまでナビゲート！

松阪の魅力を発信する複合施設で、1階は観光案内とおみやげショップ、2階は松阪の歴史や文化について紹介する展示コーナー。ショップでは、松坂城ゆかりのグッズや地元の特産品などを販売している。

☎0598-25-6565 住松阪市魚町1658-3 ⏰9～18時（12～2月は～17時）休無休 交JR・近鉄松阪駅から徒歩10分 P松阪市駐車場利用 MAP P109A1

❶松阪観光の拠点となる複合施設 ❷2階では江戸時代の町並み模型やパネル展示、シアター上映を行う

徒歩すぐ

買う

3 松阪もめん手織りセンター《まつさかもめんておりせんたー》

松阪もめんの機織り体験で気分は織姫♪

粋を好んだ江戸っ子にも愛された松阪もめんは、深みのある藍色が特徴。店内では松阪もめんグッズを販売するほか、もめん織りの体験ができる「織姫体験」1300円（所要約1時間、要予約）も行っている。

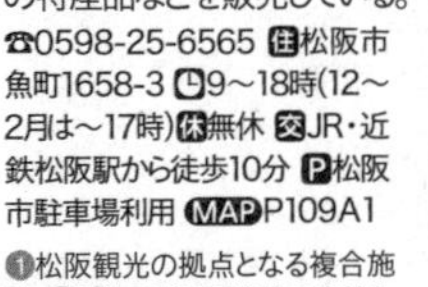

☎0598-26-6355 住松阪市本町2176 ¥入館無料 ⏰9～17時 休火曜（祝日の場合は翌日）交JR・近鉄松阪駅から徒歩10分 P40台 MAP P109A1

◀織姫体験は予約が必要

御城番屋敷《ごじょうばんやしき》にも立ち寄ろう

松坂城跡の裏門付近には、紀州藩士の屋敷が現存。今も個人宅として使用され、西棟・北端の1軒は無料で見学可 ⏰10～16時 休月曜（祝日の場合は翌平日）。☎0598-26-5174 MAP P109A2

徒歩6分

名所

6 松坂城跡（松阪公園）《まつさかじょうあと（まつさかこうえん）》

城下町の歴史を物語る石垣が見もの

松坂城は天正16年（1588）に蒲生氏郷が築城。かつて天守があった本丸跡には、野面積みの重厚な石垣が残されており往時を偲ばせる。城跡内には国学者・本居宣長《もとおりのりなが》の記念館もある。平成23年2月には国の史跡に指定された。

☎0598-23-7771（松阪駅観光情報センター）住松阪市殿町 ¥⏰休散策自由（本居宣長記念館は入館400円）交JR・近鉄松阪駅から徒歩15分 P松阪市駐車場利用 MAP P109A1

▲城跡内にある本居宣長記念館1Fロビー
◀天守や建造物は現存しないが、豪壮な石垣は見ごたえがある

徒歩15分

GOAL JR・近鉄松阪駅

松坂城跡は桜の名所としても有名。毎年春のシーズンになると淡いピンク色の桜が石垣を彩ります。

いつか食べるのが夢でした…
気になる松阪牛の店

せっかく松阪に来たなら、ぜひ食べたいのが和牛の王様・松阪牛。
今日だけはちょっぴり奮発して、地元の名店を訪れてみましょう。

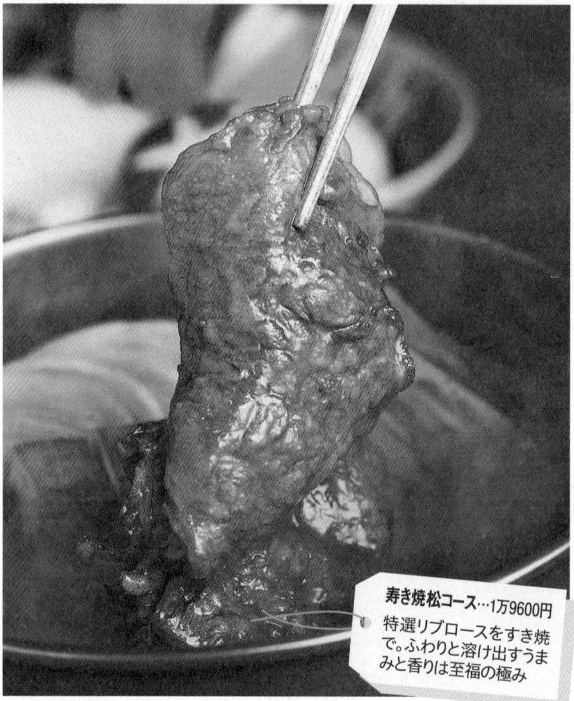

寿き焼松コース…1万9600円
特選リブロースをすき焼で。ふわりと溶け出すうまみと香りは至福の極み

すき焼

和田金《わだきん》

自社牧場を有する松阪屈指の名店

明治11年(1878)創業の老舗。自社牧場で丹精込めて肥育する松阪牛は、肉質の柔らかさや霜降り具合、どれをとっても一級品。すき焼やあみ焼は仲居さんが調理して取り分けてくれるので、絶妙の焼き加減で味わうことができる。

☎0598-21-1188 住松阪市中町1878 ⏰11時30分～20時(土・日曜、祝日は11時～) 休第4火曜(月により変動あり)、1月1～2日、8月16日 交JR・近鉄松阪駅から徒歩8分 P50台 MAP P109A1

おすすめメニュー
あみ焼竹コース…1万7300円
(寿き焼・あみ焼各1万200円～の単品もあり)

❶砂糖とたまり醤油、シンプルな味付けで肉の味わいが引き立つ寿き焼 ❷客席は個室の座敷席とテーブル席があり、ゆっくりと食事が楽しめる

松阪牛A5セット…6600円
1番人気のお得なセット。七輪の炭火で焼くと香ばしい匂いが漂う

おすすめメニュー
松阪牛上カルビ…2250円
松阪牛上ハラミ…2100円
焼肉セット…4400円

❶松阪牛A5セットは特選ロース、上カルビ、上ホルモン盛り合わせなどが付く ❷テーブル席と座敷がある。休日は行列ができるので早めに行きたい

焼肉

一升びん本店《いっしょうびんほんてん》

リーズナブルに松阪牛を味わう

A5ランクの松阪牛や、良質な黒毛和牛が味わえる。炭火で炙った焼肉は、秘伝の甘辛い味噌ダレと相性抜群で、お手頃な地元価格もうれしい。本店向かいには、松阪牛のすき焼などが味わえるひとり鍋専門店も(11時30分～14時、要予約、水・木曜休)。

☎0598-26-4457 住松阪市南町232-3 ⏰11時～21時30分 休無休 交JR・近鉄松阪駅から徒歩15分 P80台 MAP P109B2

"松阪牛"ってこんなお肉です

日本三大和牛の一つ。松阪市やその近郊で肥育される黒毛和種で、未経産の雌牛のこと。きめ細かなサシが入った美しい霜降り肉は、肉の芸術品とも讃えられるほどです。

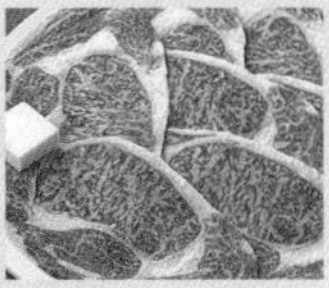

松阪牛ロースステーキランチ…100g5000円～

上質なロースのステーキに、ライス・サラダ・スープ・ドリンク付き

ステーキ

Beef Club Noel《びーふ くらぶ のえる》

精肉店直営のビーフレストラン

1973年（昭和48年）創業。松阪市内の「丸幸精肉店」の直営だけに、松阪牛の品質は折り紙付き。ヒレやサーロインはもちろん、仕入れによってはイチボ、ランプ、ラムシンなどめずらしい部位も揃う。

☎0598-26-6410 住松阪市京町25 ⏰11時30分～13時30分LO(土・日曜、祝日は～14時LO)、17～20時LO※売切れ次第閉店 休木曜、第1・3水曜 交JR・近鉄松阪駅から徒歩7分 P10台 MAP P109B2

おすすめメニュー

松阪牛ヒレステーキ…100g8500円～
松阪牛あみ焼きランチ…100g4000円～
松阪牛入りビーフシチュー…3500円

❶絶妙な焼き加減でステーキに ❷レトロな店内にカウンターとテーブルを備える

寿司

寿し萬《すしまん》

松阪牛の握りずしをご賞味あれ！

昭和26年（1951）創業の寿司店。松阪牛をネタにした創作ずしは、まさにご当地ならではの味わい。松阪牛とろ握りなど8貫に吸い物などが付くランチや、伊勢湾で揚がった天然魚介のすしもぜひ。

☎0598-21-1891 住松阪市平生町14 ⏰11時30分～14時(13時30分LO)、17時30分～21時(20時30分LO) 休木曜(祝日の場合は代休あり) 交JR・近鉄松阪駅から徒歩10分 P9台 MAP P109B2

おすすめメニュー

松阪牛とろ巻き(4貫)…1430円～
ランチ・松阪… 2200円
松阪牛肉吸い…880円

❶店内にはカウンター9席、テーブル8席が設けられる ❷江戸前風から上方風まで多彩なすしを味わおう

松阪牛とろ握り…1貫880円

希少な部位を使った特上松阪肉を炙って握りにした、松阪ならではの一品

ホルモン…790円ほか

注文はすべて単品で。ホルモンやハラミなど豊富なメニューが揃う

ホルモン

脇田屋本店《わきたやほんてん》

地元客にも人気のホルモン焼

市内でも希少価値が高い松阪牛のホルモンを提供できるのは、創業60余年の老舗だからこそ。コリコリとした食感が楽しめるシマチョウや、脂が溶け出すヒモなど、4～5種類をミックスして1皿に盛り込んだ「ホルモン」が一番のおすすめ。

☎0598-22-1129 住松阪市長月町12 ⏰11～15時、16～21時 休月曜(祝日の場合は翌日) 交JR・近鉄松阪駅から徒歩13分 P30台 MAP P109B2

おすすめメニュー

ハラミ…900円
シマチョウ… 920円
中ミノ…920円

松阪牛の特上タン2300円も人気

テーブル席と座敷席を備えた店内

牛肉は日本食肉格付協会により、歩留まり等級A～Cと、肉質等級5～1に分かれており、最高ランクはA5です。

約70の店舗が集まる観光リゾート話題の施設「VISON」へ

伊勢から車で
約20分

自然に囲まれた敷地内にたくさんの施設が集いまるで一つの村のよう
多気町から日本の食・文化・アートを発信しています。

VISON《ゔぃそん》って こんなところ

伊勢神宮から車で約20分の多気町にある「VISON」。日本最大級の商業施設で多気ヴィソンスマートIC直結とアクセス至便のリゾート施設。山々に囲まれた敷地内にはグルメ、おみやげ、ミュージアム、温浴施設など約70の店舗が集まる。☎0598-39-3190(代) 住多気町ヴィソン672-1 休施設により異なる P2000台(1時間200円※施設利用で割引あり)
アクセス バス：伊勢神宮・松阪駅・名古屋・南紀方面からは、三重交通バスが随時運行
クルマ：伊勢道伊勢ICから多気ヴィソンスマートIC直結、勢和多気ICからすぐ
広域MAP 折込裏C3

▲三角屋根が特徴のマルシェ ヴィソン

グルメ&スイーツ

バスク地方の郷土料理が味わえるほか、世界的に有名なパティシエが手がけるパティスリーカフェでここでしか味わえないグルメ&スイーツを堪能。

▲「ARATZ」のランチコース3000円 ◀「Confiture H」のサントス906円

ミュージアム

「食」をコンセプトにしたミュージアムや、「白」をコンセプトにしたギャラリー&ショップで知的好奇心を刺激し、感性を磨こう。

▶料理の道具を展示する「KATACHI museum」

▲白い小さな小屋のギャラリー&ショップ「Gallery 泛白 uhaku」

体験

「木」をテーマにした体験施設は日替わりでワークショップを開催。ほかにも味噌仕込み体験が楽しめる教室は、年代を問わず人気！

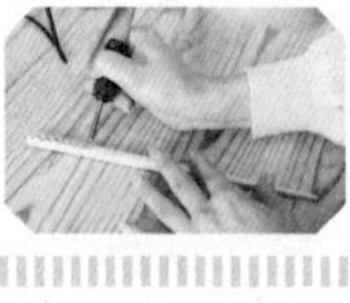

▶「kiond」でヒノキを使った箸作り体験3000円

▲味噌の専門店「蔵乃屋」で味噌仕込み体験2000円

ホテル&温浴施設

ヴィラ・ホテル・旅籠からお好みで選べる宿泊施設で寛ぎのステイを満喫。薬草湯で湯浴みを堪能できる温浴施設は日帰り利用可。

▲全6棟あるヴィラの外観建物には地元産のスギを使用 ◀季節の薬草湯が楽しめる「本草湯」

まるで江戸時代に来たみたい？ ノスタルジックな昔町・関宿へ

伊勢から電車で
約90分

白い漆喰壁に虫籠窓、座敷の出格子と、郷愁を感じさせる関宿。
通りを歩けば、いつしか心が遠い昔の時代に誘われます。

関宿ってこんなところ

◀通り沿いの町家には和の小物を売るお店も

▲風情のある町家はショップや資料館になっている

古くからの交通の要衝で、江戸時代には四十七番目の宿場町として栄えた関宿。約1.8kmに渡る通り沿いに、江戸時代から明治期の面影を残す約200軒もの町家がずらりと立ち並んでいて、歩くとまるでタイムスリップしたような気持ちになれる。

アクセス 電車：JR伊勢市駅から快速みえで38分（または近鉄伊勢市駅から特急で30分）で津駅へ。JRに乗り換え18分でJR亀山駅へ。JR亀山駅から6分、JR関駅下車
クルマ：伊勢道伊勢ICから伊勢関IC ～名阪国道関IC経由で関へ。伊勢ICから約70km
広域MAP 折込裏A1

関まちなみ資料館《せきまちなみしりょうかん》

▶当時の生活が目に浮かぶ

町家の中に入ってみよう

関宿に関する歴史資料などを展示している。典型的な町家造りの建物を利用しており、土間に面した帳場、奥に続く座敷や土蔵など、往時の人々の暮らしぶりが感じられる。

☎0595-96-2404 住亀山市関町中町482 ¥入館300円（関宿旅籠玉屋歴史資料館と共通） ◷9時～16時30分 休月曜（祝日の場合は翌日） 交JR関駅から徒歩7分 P関宿観光駐車場利用 MAP P113B2

関宿旅籠玉屋歴史資料館《せきじゅくはたごたまやれきししりょうかん》

▶蔵の2階には当時の食器類などを展示

宿場町の歴史を伝える

江戸時代の大旅籠「玉屋」の建物を資料館として公開。館内には当時の道具類や、旅に関する歴史資料が並ぶ。

☎0595-96-0468 住亀山市関町中町444-1 ¥入館300円（関まちなみ資料館と共通） ◷9時～16時30分 休月曜（祝日の場合は翌日） 交JR関駅から徒歩10分 P関宿観光駐車場利用 MAP P113B2

道の駅 関宿《みちのえき せきじゅく》

▶町並みになじむ和風建築

▼関宿の名産品が並ぶ

地元のみやげが勢揃い

地元の特産品や農家直送の新鮮な野菜や果物がずらり。地元のグルメを味わえるレストランも併設。日曜日には朝市も開催される。☎0595-97-8200 住亀山市関町新所674-8 ◷9～18時（食堂は17時30分LO） 休無休 交JR関駅からすぐ P64台 MAP P113B2

伊勢志摩の知っておきたいエトセトラ

まだまだあります、知っておきたい伊勢志摩のあれこれ。
思わず旅先で披露したくなる豆知識を集めました。

知っておきたい映画・本

伊勢志摩の観光スポットが登場する映画や、地元ゆかりの文豪の名作、ご当地検定テキストなどが人気。

半分の月がのぼる空

原作者・橋本紡の出身地である伊勢市を舞台にした同名のライトノベルを実写化。作中には地元・伊勢の町並みのほか、河崎（☞P58）や二見興玉神社（☞P57）などが登場。

DVD販売終了／ポニーキャニオン／2010年／出演:池松壮亮、忽那汐里、大泉洋ほか／監督:深川栄洋

潮騒《しおさい》

神島（☞P75）を舞台にした小説。神島を訪れ、感銘を受けたという三島由紀夫による、島の漁師と女性の海女の切ない恋物語。小説中では「歌島」として登場し、物語のクライマックスには監的哨跡や八代神社などのスポットが舞台となる。

新潮社／1955年／三島由紀夫著

「改訂新版」検定お伊勢さん 公式テキストブック

毎年実施される、伊勢商工会議所主催のご当地検定「検定『お伊勢さん』」のテキストブック。「神宮」「歴史と文化」などの章立てで、伊勢の入門知識や専門的な情報を紹介。伊勢の副読本としても◎。

伊勢商工会議所・伊勢文化舎／2016年

ゆかりの有名人

伊勢志摩出身の有名人は意外と多いんです。旅の途中にゆかりのスポットを訪れてみるのもおすすめ。

江戸川乱歩《えどがわらんぽ》

大正から昭和にかけて活躍した作家。人生の一時期を鳥羽で過ごし、その経験を元にした作品などを残した。江戸川乱歩館ではゆかりの地の紹介も。代表作は『D坂の殺人事件』『陰獣』『押繪と旅する男』『怪人二十面相』など。

江戸川乱歩館　DATA☞P76

鳥羽一郎《とばいちろう》

鳥羽市石鏡町出身の演歌歌手。芸名の「鳥羽」は出身地から付けられたとか。代表作である『兄弟酒』の歌詞を記した記念歌碑が、鳥羽展望台の敷地内に建立されており、ファンの聖地として有名に。

☎0599-33-6201（鳥羽展望台）
MAP P122C3

小津安二郎《おづやすじろう》

日本を代表する映画監督。主な作品は『晩春』『麦秋』『東京物語』など。多感な青春時代を松阪市で過ごし、伊勢の宇治山田中学（宇治山田高校）に通った。松阪市立歴史民俗資料館の2階には、「小津安二郎松阪記念館」がある。

☎0598-23-2381 MAP P109A1

伊勢神宮にまつわる物

伊勢神宮に献上されるお供え物や御料。これらは伊勢志摩の各地で丁寧に作られ、神宮へと運ばれます。

米

伊勢市楠部町にある神宮神田では、毎年地元市民の奉仕により、神宮で行われる祭事に供えられる御料である米が、五十鈴川の水を使って大切に育てられている。※見学不可

熨斗《のし》アワビ

鳥羽市国崎町にある熨斗アワビの調製所・神宮御料鰒調製所では、古式にのっとり、ひとつずつ手作業で作られている。薄く切り、干した熨斗アワビ（☞P93）は毎年、伊勢神宮の神様にお供えされる。

塩

伊勢市二見町にある御塩殿神社では、五十鈴川の下流でとった濃い塩水を煮詰めた荒塩を三角形の土器につめて、堅塩に仕上げてから伊勢神宮のお祭りで神様に奉られる。

土器

三重県多気郡明和町にある土器調製所。ここでは伊勢神宮のさまざまな祭事に使用される素焼きの土器を地元の清浄な土を用いて、職人が今も手作業で製作している。内部は一般には非公開。

旬の食材カレンダー

ブランド魚介の宝庫でもある伊勢志摩。食べたい食材があるなら、旬を狙って旅行に行こう。

伊勢エビ【10〜3月】

漁が解禁となる10月から、志摩町の和具や浜島などで揚げられる。1年中食べられる店もある。

アワビ【5〜8月】

夏に旬を迎え、主に岩場が多い志摩の海などで育つ。海女漁でとられるものも多く出回る。

カキ【10〜3月】

鳥羽の浦村湾の浦村かきや、志摩の的矢湾の的矢かきが三重の2大ブランドとして有名。

フグ【10〜2月】

伊勢湾、遠州灘から熊野灘にかけての海域でとれる天然とらふぐ「あのりふぐ」が三重ブランド。

地元特有の文化

伊勢志摩独自のちょっとした文化や風習は、旅のネタとしても注目です。

しめ縄

伊勢市周辺には、1年中しめ縄を飾る習慣がある。通称伊勢型とよばれるしめ縄の材料は藁など地元に見られる物。

ぎゅーとら

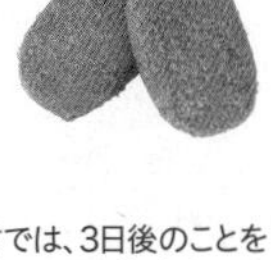

伊勢を旅行すれば、町のあちこちで見かけるご当地スーパー。名物のコロッケは市民の大好物で、誰でも知っている。

ささって

伊勢志摩地方の方言では、3日後のことを「ささって」といい、4日後のことを「しあさって」という場合があるので覚えておこう。

祭・イベント

伊勢志摩の各地で開催される伝統的な祭事やユニークな行事。開催月に合わせて旅するのもおすすめです。

3月 御船祭　おふなまつり

青峯山正福寺で旧暦1月18日に開催。鯨に乗ってやってきたというご本尊十一面観音像が開帳され、大漁旗がはためき露店も出て賑わう。

☎0599-25-1157(鳥羽市観光商工課)

5月 猿田彦神社「御田《おみた》祭」

毎年5月5日、境内の神田で豊作を祈って早苗を植えるお祭り。桃山時代の風俗衣装を身につけた植方が奉仕する。

猿田彦神社 DATA☞P60

5月 石神さん春祭り

神明神社の参道にある「石神さん」と親しまれる小さなお社。この祈願祭では、宮司により海女の大漁祈願などが行われる。

神明神社(石神さん) DATA☞P70

6月 伊勢えび祭

「伊勢エビ王国」とよばれる志摩市浜島町の祭事。伊勢エビに感謝するとともに、その年の大漁を願う。

☎0599-53-3330(浜島町伊勢えび祭保存会)

6月 伊雑宮御田植祭

毎年6月24日、伊雑宮に奉納するための田植えを行う。日本三大御田植祭の一つで、国の重要無形民俗文化財。

伊雑宮 DATA☞P43

7月 鳥羽みなとまつり

JR・近鉄鳥羽駅の海側、鳥羽マリンターミナル周辺で開催される花火大会。鳥羽湾を鮮やかに彩る色とりどりの花火が見事。海上パレードも行われる。

☎0599-25-3019(鳥羽市観光協会)

7月 二見大祭しめなわ曳

二見興玉神社の夫婦岩に張る大注連縄を奉納する行事。音頭に合わせて木製奉曳車が夫婦岩表参道を練り歩く。曳き手が全力疾走する「エンヤ曳」に注目。

二見興玉神社 DATA☞P57

8月 かんこ踊り

伊勢市の正覚寺などで催される祭事で、五穀豊穰、家内安全を祈願する。白馬の毛で作った飾り「しゃぐま」をかぶり、「かんこ」とよばれる鼓をたたいて松明の周りを踊る。

☎0596-22-7884
(伊勢市情報戦略局文化政策課)

9月 わらじ祭り

志摩市大王町の波切神社の行事。再興以来300年以上の伝統を誇る祭りで、毎年9月の申の日に長さ2.5メートル幅1.7メートルもの巨大わらじを海に流して、豊漁と、海や地域の安寧を祈願する行事。「ダンダラボッチ伝説」に由来する「わらじ曳き」は三重県の無形民俗文化財。

☎0599-46-0570(志摩市観光案内所)

9月 安乗《あのり》の人形芝居

志摩市の安乗神社境内の舞台で演じられる人形芝居。国の重要無形民俗文化財にも指定され、400年以上にわたって伝承されている伝統芸能。

☎0599-46-0570(志摩市観光案内所)

伊勢・志摩への交通

伊勢志摩へは名古屋・大阪・京都からの近鉄特急利用が快適です。
東京方面からは新幹線名古屋から乗り換えるのがいいでしょう。

鉄道で行く

▶名古屋から

近鉄名古屋駅	近鉄特急 1時間に1～3本	伊勢市駅	1時間25分 3080円
名古屋駅	JR快速みえ 1日13～14本	伊勢市駅	1時間35分 2040円
近鉄名古屋駅	近鉄特急 1時間に1～3本	鳥羽駅	1時間40分 3410円
名古屋駅	JR快速みえ 1日9本	鳥羽駅	1時間50分 2500円
近鉄名古屋駅	近鉄特急 1時間に1～2本	賢島駅	2時間11分 4010円 ※しまかぜ利用は5060円

▶東京から

出発駅	路線	乗換駅	路線・本数	到着駅	所要時間・運賃
東京駅	JR新幹線のぞみ	名古屋駅・近鉄名古屋駅	近鉄特急 1時間に2～3本	伊勢市駅	3時間20分 1万4380円
東京駅	JR新幹線のぞみ	名古屋駅	JR快速みえ 1時間に1本	伊勢市駅	3時間30分 1万2920円
東京駅	JR新幹線のぞみ	名古屋駅・近鉄名古屋駅	近鉄特急 1時間に1～3本	鳥羽駅	3時間40分 1万4710円

▶大阪・京都から

出発駅	経由	路線・本数	到着駅	所要時間・運賃
大阪難波駅	大阪上本町駅	近鉄特急 1時間に2～3本（大阪上本町駅始発を含む）	伊勢市駅	1時間50分 3510円
大阪難波駅	大阪上本町駅	近鉄特急 1時間に1～2本（大阪上本町駅始発を含む）	鳥羽駅	2時間 4100円
大阪難波駅	大阪上本町駅	近鉄特急 1日10～13本	賢島駅	2時間34分 4410円 ※しまかぜ利用は5460円
京都駅		近鉄特急 1日4～6本(直通)　※大和八木駅で乗り換えもあり	伊勢市駅	2時間 4070円
京都駅		近鉄特急 1日4～6本	鳥羽駅	2時間18分 4380円 ※しまかぜ利用は5430円
京都駅		近鉄特急 1日2～4本	賢島駅	2時間47分 4990円 ※しまかぜ利用は6150円

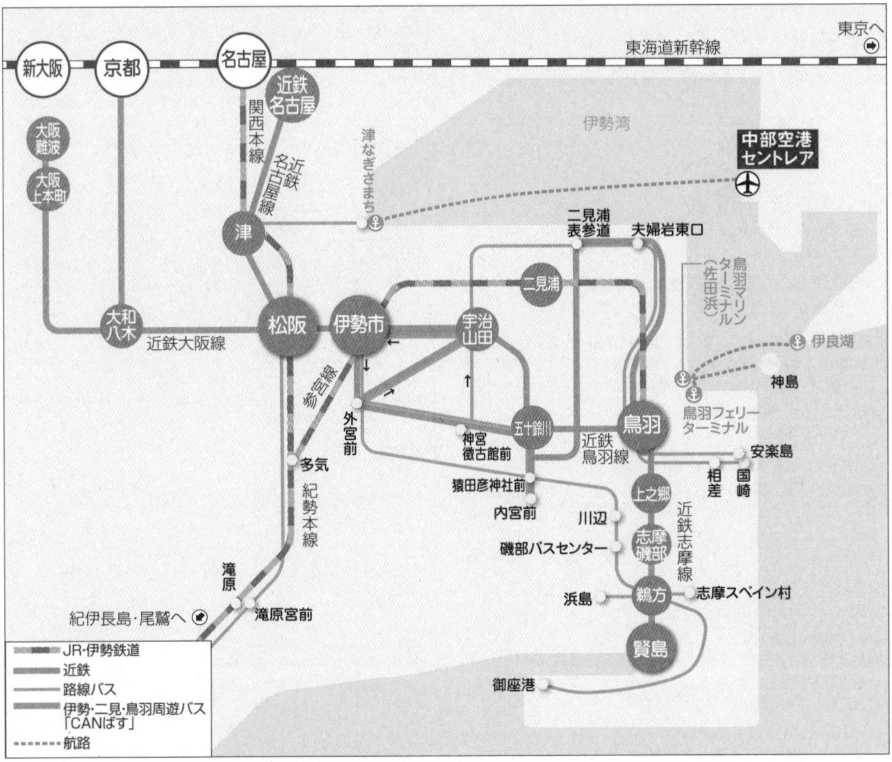

近鉄観光特急《しまかぜ》で伊勢へ!

ワンランク上の乗り心地が楽しめる「しまかぜ」は、横1-2列の革製プレミアムシート(電動レッグレスト付き)や展望抜群の大きな窓などが特徴。大阪難波駅・近鉄名古屋駅・京都駅〜賢島駅間を1日1往復している(運休日に注意)。乗車には特急券のほか、しまかぜ特別料金(740〜1160円)が必要。

バスで行く

少しでも交通費を抑えたいなら、高速バスでの移動がおススメ。独立3列シートの快適なバスが走る路線や割引運賃もあり快適だ

▶ 東京から(夜行便)

池袋駅東口 → 西武バス 1日1便 → 伊勢市駅前・鳥羽バスセンター … 9時間55分〜 7400円〜

※鳥羽へは10時間35分、8200円〜
※大宮からも乗車可

新宿駅南口 → WILLER EXPRESS(ウィラー・エクスプレス) 1日1便 → 伊勢市駅 … 8時間55分 5800円〜

※横浜駅からも乗車可

問合せ先

鉄道

●JR東海 (テレフォンセンター) ☎050-3772-3910
●近畿日本鉄道 (近鉄電車テレフォンセンター) ☎050-3536-3957

バス

●西武バス ☎0570-025-258
●WILLER EXPRESS ☎0570-200-770
●三重交通 (高速バス) ☎059-229-5555
〃 (伊勢営業所) ☎0596-25-7131
〃 (志摩営業所) ☎0599-55-0215

伊勢・志摩での交通

伊勢志摩の主な観光ポイントへの移動はバスが便利で利用しやすい。
伊勢、志摩、鳥羽、松阪など都市間の移動は近鉄電車の利用が早くて便利です。

バスでまわる

伊勢神宮へ

伊勢市駅から外宮までは徒歩7分の距離。伊勢市駅から内宮、外宮から内宮はバスで移動が便利です。

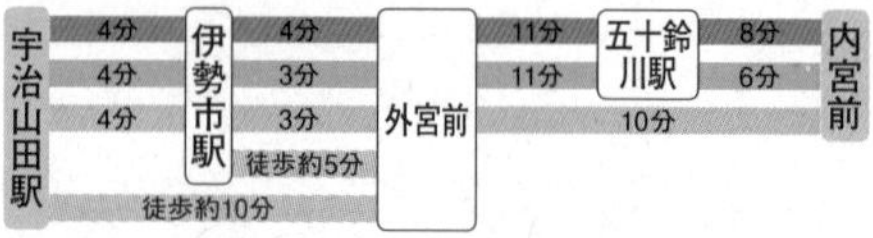

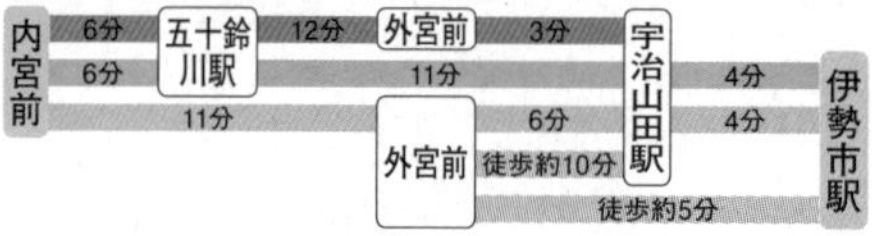

CANばす…1時間に1便　路線バス（徴古館前経由）…1時間に2～4本
路線バス（庁舎前経由）…1時間に1～2便

▼おもな区間のねだん
宇治山田駅・伊勢市駅・外宮前～内宮前　470円
五十鈴川駅～内宮前　260円
宇治山田駅・伊勢市駅～外宮前　190円

ワンポイント **伊勢周遊に便利な「CANばす」**

伊勢志摩エリアの主な観光地を回る周遊バス。平日は日中1時間に1便程度。土・日曜、祝日は30分に1便程度の運行。何度でも乗り降り自由な「伊勢鳥羽みちくさきっぷ」を使うとお得だ。

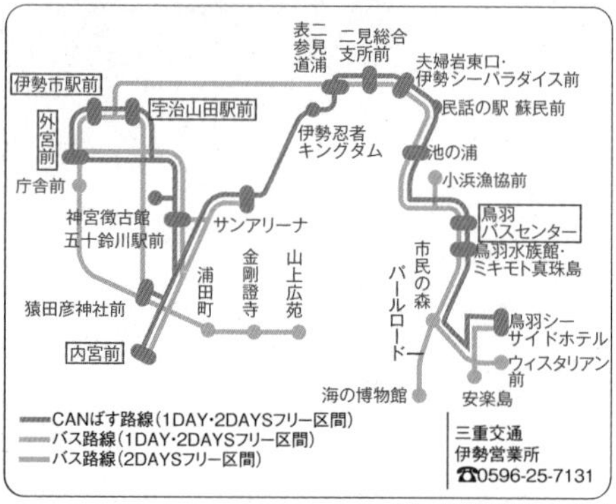

（※一部路線は省略しています）

おトクなきっぷを活用しよう

伊勢鳥羽志摩スーパーパスポート「まわりゃんせ」

近鉄線各駅から　1万1000円

名古屋・大阪などから近鉄特急の往復と近鉄線の松阪駅～賢島駅間(特急もOK)や松阪以南の三重交通、鳥羽市かもめバス、鳥羽市営定期船などが乗り降り自由で、22の観光施設の入場料も込み。おもな近鉄の駅などで発売。4日間有効。※2025年1月以降の発売については要確認。

伊勢神宮参拝きっぷ

大阪難波駅・京都駅などから　7100円
近鉄名古屋駅などから　6200円

近鉄特急1往復と、近鉄(松阪駅～賢島駅間)、伊勢地区の三重交通バス指定区間が乗り降り自由。レンタカーも20%割引。大阪府、愛知県内と京都・奈良線のおもな近鉄の駅などで利用開始日の1カ月前から前日まで発売。3日間有効。

伊勢鳥羽みちくさきっぷ

伊勢、鳥羽を巡るのに便利なCANばすや三重交通の路線バスが利用できるフリーきっぷ。伊勢市および鳥羽市の全域で利用できる(上の図参照)。1DAY＝1200円、2DAYS＝1800円で、周辺観光施設も割引になる。三重交通各きっぷうりばやCANばす車内などで発。

パルケエスパーニャ・フリーきっぷ　9300円

志摩スペイン村「パルケエスパーニャ・パスポート」の引換券(引換え当日限り有効)、松阪駅までの近鉄往復乗車券＋松阪駅～賢島駅間のフリー乗車券(かえりの駅下車まで)、鵜方・賢島～志摩スペイン村間のバス往復乗車券、往復近鉄特急券引換券(ゆきの着駅、かえりの発駅を選ぶ)がセットになったきっぷ。おもな近鉄の駅などで利用開始日の前日まで発売。4日間有効。

伊勢・鳥羽エリアフリーきっぷ

名古屋(市内)から　5300円

JR快速「みえ」の自由席往復に、松阪駅～鳥羽駅間の快速・普通列車の普通車自由席が乗り降り自由となるJRのフリーきっぷ。伊勢・鳥羽地区を周遊できるバス乗車券「みちくさきっぷ(伊勢鳥羽みちくさきっぷ・2日<2DAYS>)」の引換券がセットになっている。名古屋、豊橋、岐阜周辺のJR東海のおもな駅と周辺の旅行会社で発売。2日間有効。

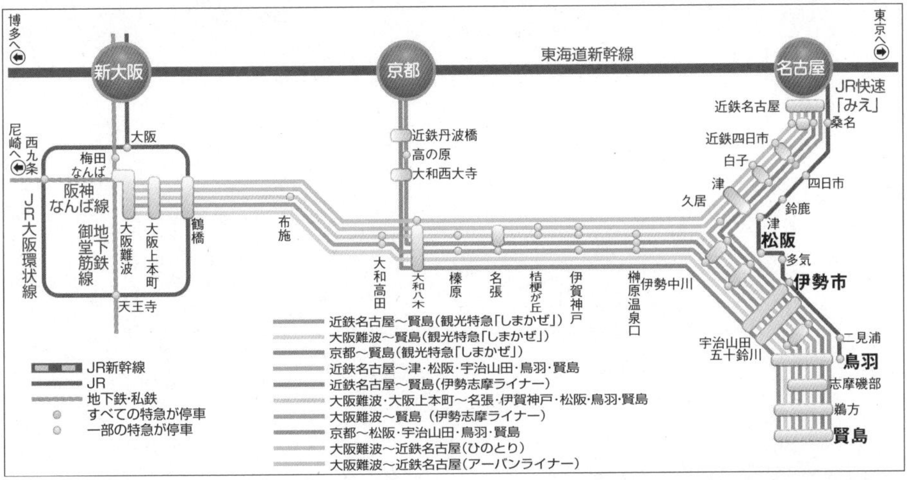

鉄道でまわる

伊勢志摩の観光エリア間を移動するには近鉄電車を利用するのが早くて便利。伊勢市〜鳥羽間は普通電車が1時間に2〜3本、特急が2〜5本走り、鳥羽〜鵜方〜賢島間でも普通電車と特急がそれぞれ1時間に2〜3本走っている。特急に乗る場合は特急料金が別に必要。

どこに行くにも近鉄を使うとアクセスが便利

車でまわる

伊勢・志摩での移動は車利用も便利。伊勢―鳥羽間は車で20分ほどの距離。伊勢―鳥羽―志摩の移動だけならば約1時間30分ほどだが、渋滞しやすい区間もあるので、時間には余裕をもって出かけよう。伊勢市、宇治山田や鳥羽周辺などにレンタカーの営業所がある。JRのチケットが割引になる「駅レンタカー」は三重県内に営業所がないので、名古屋駅などで車を借りることになる。

おトクなきっぷを活用しよう

レール&レンタカーきっぷ(JR各社)

JR券と駅レンタカー券を一緒に購入すると、JRチケットが割引に、レンタカーもお得なねだんで利用できる。JR線を201km以上利用し、最初にJRを利用した出発駅から駅レンタカーを利用する駅まで101km以上離れていることが条件。JR運賃が2割引、特急料金などが1割引(新幹線のぞみ・みずほを除く)になる。ただし、4/27〜5/6、8/10〜19、12/28〜1/6はJRの割引はない。

問合せ先

●日本道路交通情報センター
三重情報 ☎050-3369-6624
東海地方高速情報 ☎050-3369-6766
近畿地方高速情報 ☎050-3369-6768

遊覧船でまわる

志摩マリンレジャー　鳥羽 ☎0599-25-3145　賢島 ☎0599-43-1023

コース名／コース	ねだん	所要時間	運航時刻・便数
鳥羽湾めぐりとイルカ島 鳥羽マリンターミナル(佐田浜)〜イルカ島〜真珠島・水族館前〜鳥羽マリンターミナル(佐田浜)	2300円(イルカ島入園フリー)	50分(最終便はイルカ島には入園できません)	9〜16時まで30分ごとに出航(減便になる日があり。要確認)
賢島エスパーニャクルーズ	1800円	所要50分	9時30分〜。1日6便

スペイン帆船型遊覧船「エスペランサ」

伊勢市街
0 500m
伊勢神宮(外宮)
P.24
伊勢神宮(内宮)
P.30
P.61 二軒茶屋餅 角屋本店
P.61 伊勢角屋麦酒 麦酒蔵
神宮徴古館 農業館 P.60
P.60 式年遷宮記念 神宮美術館
P.35 倭姫宮
P.92 グリル片山
P.96 起矢食堂
ル・バンボッシュ P.91
イタリア料理 ラ・ミアヴィータ
P.61
P.35 月読宮
猿田彦神社 P.60
P.97 手こね茶屋 本店
P.106 神宮会館
おかげ横丁
P.48
おはらい町 P.46
P121上
P59
宮町駅
山田上口駅
伊勢市駅
宇治山田駅
五十鈴川駅
近鉄山田線
近鉄鳥羽線
参宮線
伊勢自動車道
伊勢志摩スカイライン
伊勢市
伊勢
伊勢西
伊勢西IC
御薗町長屋
御薗町高向
宮後
河崎
常磐
一志町
本町
八日市場町
岩渕
尾上町
倭町
楠部町
岡本
常磐町
豊川町
古市町
久世戸町
勢田町
中之町
桜木町
浦口
浦口町
二俣町
辻久留町
旭町
藤里町
前山町
中村町
宇治浦田町
宇治中之切町
宇治今在家町
中島
竹ケ鼻町
小木町
田尻町
黒瀬町
神久
神田久志本町
宮川
勢田川
朝川
五十鈴川
島路川
勾玉池
年金事務所
伊勢市役所
市立伊勢図書館
宇治山田高
伊勢工高
皇學館大
皇學館高
神宮文庫
倉田山公園野球場
県営総合競技場
五十鈴公園
宮川堤公園
やすらぎ公園
世義寺
田上大水神社
高倉山▲117
蓮随山 114▲
養命の滝
宇治橋
宇治神社
風日祈宮
五十鈴トンネル
二軒茶屋
辻久留2丁目
神宮徴古館前
五十鈴川駅前
猿田彦神社前
浦田町
神宮会館前
内宮前
南勢バイパス
長屋1
中島
宮町
昔浜
外宮北
外宮前
二見街道入口
岩渕
倭姫前
松尾観音前
県庁舎前
楠部町
中村町
宇治浦田町
浦田橋
宇治館町
松阪へ
伊勢ICへ
多気へ
松阪へ
二見へ
鳥羽へ
国道23号へ
朝熊ICへ
南伊勢へ
玉城ICへ
志摩へ
宮川橋
二見道
二見通
宇治山田高
121下
122
124-125
伊勢
鳥羽
志摩

伊勢市駅周辺
0 75m
徒歩約1分
一之木
松阪へ
松阪駅へ
宮後(二)
シラセ P.61
河崎(二)
河崎(一)
曽祢(一)
一之木(一)
一之木(二)
常明寺
須原大社
宮町(一)
大世古
月夜見宮 P.29
弁天寺
P.96 山口屋
伊勢市駅
不動院
EN HOTEL Ise
伊勢和紙館 P.61
厚生小
度会へ
宮後(一)
伊勢パールピアホテル
伊勢市駅
三交イン伊勢市駅前
伊勢市駅前
伊勢市駅手荷物預り所 P.22
一志町
神路通り P.29
伊勢シティホテル
吹上(二)
伊勢市駅西
伊勢市駅
P.56 フランスパンとんちん
本町1
伊勢外宮参道伊勢神泉
吹上(一)
八日市場町
善光寺
伊勢外宮参道料理店 鉄饌 P.54
日の出旅館
コンフォートホテル伊勢
201
伊勢市
伊勢製菓三ツ橋 P.61
参宮線
鳥羽駅へ
吹上
割烹寿司 桂 P.55
P.18 伊勢市観光協会
P.16 参宮おもてなし館「風餐亭」
37
山田館
伊勢菊一(観光交流拠点)
大津神社
度会国御神社
22
本町
伊勢創作ビストロ ミルポワ P.55
外宮北
伊勢市外宮前観光案内所 P.22
伊勢市観光文化会館
豊川町
岩渕(一)
宇治山田駅前
伊勢外宮前局
宇治山田駅
P.25・36 式年遷宮記念せんぐう館
外宮前
外宮前
ボン ヴィヴァン P.54
伊勢市役所
伊勢神宮(外宮) P.24
うみやまあひだミュゼ
津地方検察庁
伊勢簡易裁判所前
岩渕(二)
32
伊勢西IC・内宮へ
22
勾玉池
岡本
岩渕
鳥羽駅へ
豊川茜稲荷神社
みずほ

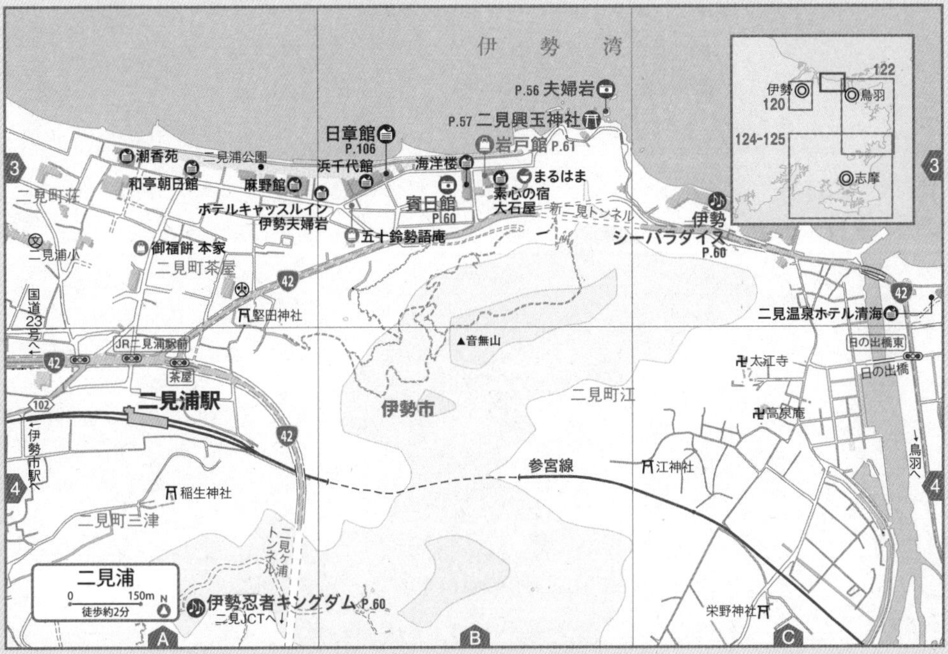

二見浦
0 150m
徒歩約2分
伊勢湾
P.56 夫婦岩
P.57 二見興玉神社
日章館 P.106
岩戸館 P.61
潮香苑
二見浦公園
和亭朝日館
浜千代館
海洋楼
まるはま
麻野館
素心の宿 大石屋
二見町荘
ホテルキャッスルイン伊勢夫婦岩
賓日館 P.60
新二見トンネル
伊勢シーパラダイス P.60
五十鈴勢語庵
二見浦小
御福餅 本家
二見町茶屋
42
国道23号へ
堅田神社
二見温泉ホテル清海
JR二見浦駅前
音無山
日の出橋東
太江寺
42
茶屋
日の出橋
102
二見浦駅
伊勢市
二見町江
高泉庵
伊勢市駅へ
42
参宮線
江神社
鳥羽へ
稲生神社
二見町三津
二見ヶ浦トンネル
伊勢忍者キングダム P.60
二見JCTへ
栄野神社
伊勢 120
鳥羽
122
124-125
志摩

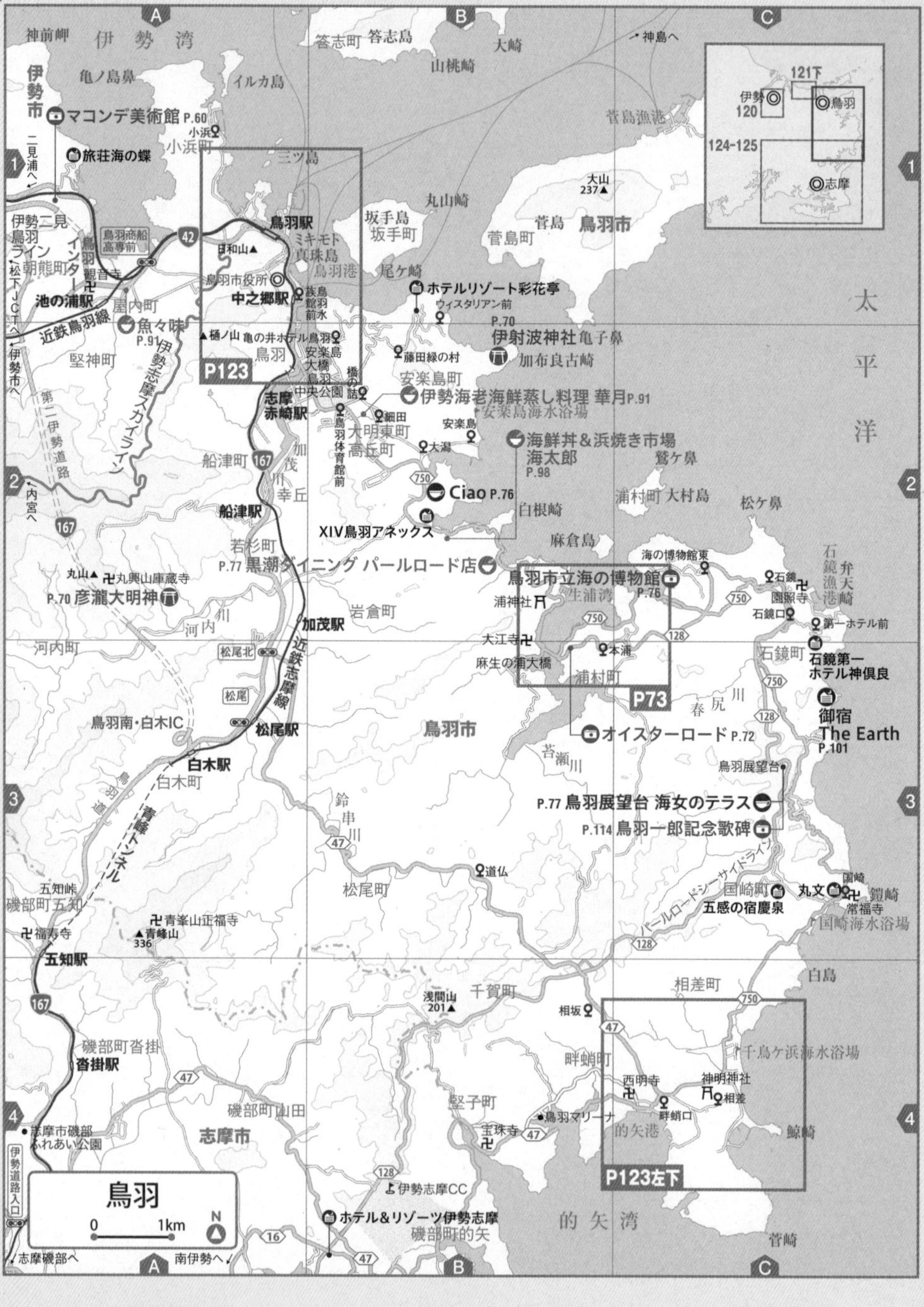

神前岬
伊勢湾
答志町
答志島
神島へ
大崎
亀ノ島鼻
山桃崎
イルカ島
伊勢市
マコンデ美術館 P.60
小浜
小浜町
菅島漁港
二見浦へ
旅荘海の蝶
三ツ島
大山
237
伊勢二見鳥羽ライン
鳥羽商船高専前
鳥羽駅
丸山崎
坂手島
坂手町
菅島
菅島町
鳥羽市
朝熊東インター
日和山
ミキモト真珠島
松下JCTへ
鳥羽観音寺
鳥羽市役所
鳥羽港
尾ケ崎
池の浦駅
中之郷駅
鳥羽水族館前
ホテルリゾート彩花亭
ウィスタリアン前
太平洋
近鉄鳥羽線
魚々味 P.91
屋内町
樋ノ山
亀の井ホテル鳥羽
P.70
伊射波神社
亀子鼻
伊勢市へ
藤田緑の村
加布良古崎
堅神町
鳥羽
安楽島大橋
P123
安楽島町
第二伊勢道路
伊勢志摩スカイライン
鳥羽中央公園
橋の詰
志摩赤崎駅
伊勢海老海鮮蒸し料理 華月 P.91
安楽島海水浴場
細田
鳥羽体育館前
大明東町
安楽島
高丘町
大湯
海鮮丼&浜焼き市場 海太郎 P.98
鷲ケ鼻
船津町
加茂川
幸丘
内宮へ
Ciao P.76
白根崎
浦村町
大村島
松ケ鼻
船津駅
XIV鳥羽アネックス
若杉町
麻倉島
P.77 黒潮ダイニング パールロード店
海の博物館東
石鏡
石鏡漁港
弁天崎
丸山
丸興山庫蔵寺
P.70 彦瀧大明神
鳥羽市立海の博物館 P.76
浦神社
生浦湾
國照寺
河内川
岩倉町
加茂駅
石鏡口
第一ホテル前
大江寺
大江寺
麻生の浦大橋
本浦
浦村町
石鏡町
石鏡第一ホテル神倶良
河内町
松尾北
近鉄志摩線
春
尻川
松尾
P73
御宿 The Earth P.101
鳥羽南・白木IC
松尾駅
鳥羽市
オイスターロード P.72
苔瀬川
白木駅
白木町
鳥羽展望台
鳥羽道路
青峰トンネル
鈴串川
P.77 鳥羽展望台 海女のテラス
P.114 鳥羽一郎記念歌碑
パールロード(シーサイドライン)
道仏
五知峠
磯部町五知
松尾町
国崎町
五感の宿慶泉
丸文
国崎
鎧崎
常福寺
国崎海水浴場
福寿寺
青峯山正福寺
青峰山
336
五知駅
白島
相差町
千賀町
浅間山
201
相坂
千鳥ケ浜海水浴場
磯部町沓掛
畔蛸町
沓掛駅
西明寺
神明神社
相差
堅子町
磯部町山田
鳥羽マリーナ
畔蛸口
志摩市磯部ふれあい公園
宝珠寺
的矢港
鯨崎
志摩市
P123左下
伊勢道路入口
鳥羽
0 1km
伊勢志摩CC
ホテル&リゾーツ伊勢志摩
的矢湾
磯部町的矢
菅崎
志摩磯部へ
南伊勢へ
伊勢 120
121下
鳥羽
124-125
志摩

鳥羽駅周辺
0 150m
徒歩約2分
鳥羽グランドホテル
小浜町
鳥羽市営定期船
胡蝶蘭
中里
お宿 行灯 鳥羽
鳥羽
小浜荘
鳥羽わんわん
パラダイスホテル
加楽音気長寿神社
鳥羽国際ホテル P.104
鳥羽国際ホテル潮路亭
鳥羽ビジターセンター
鳥羽マリンターミナル P.76
鳥羽湾めぐりとイルカ島（乗船所）P.76
伊良湖へ
浜辺浦
浜離宮
阿波海
一栄 P.98
小浜口
佐田浜
桟橋
鳥羽運輸総合庁舎
戸田家
参宮線
近鉄鳥羽線
伊勢市へ
世古真珠 P.77
鳥羽バスセンター
鳥羽1番街 P.71
ミネルヴァ P.77
鳥羽三女神巡り P.71
坂手町
坂手島
なごみの宿ホテル和光
鳥羽駅
ロードイン鳥羽
42
鳥羽（一）
P.98 八食堂
鳥羽市営定期船
しおさい海道伊勢湾フェリー
錦浦館
旅館海月
てっぱり料理
長門館 P.77
69m 日和山
日和山展望台
Cuccagna
P.76 鳥羽本店
鳥羽市
鳥羽港
P.97 七越茶屋
真珠博物館
ミキモト真珠島 P.76
御木本幸吉記念館
本照寺
大山祇神社
TOBAパールタウン P.77
市民文化会館
鳥羽城址
（城山公園）
鳥羽（二）
常安寺
P.76 江戸川乱歩館
鳥羽水族館 P.66
天真寺
鳥羽市役所
伊勢志摩スカイライン
P.77 ブランカ本店
扇野の宿
扇芳閣
鳥羽（三）
鳥羽水族館南
鳥羽港フェリーターミナル
樋ノ山公園
内宮へ
中之郷駅
鳥羽水族館前
浜幸パール 鳥羽店 P.77
金胎寺
中之郷
鳥羽シーサイドホテル
P.104
近鉄志摩線
167
鳥羽局
西念寺
三十三
藤之郷
正徳院
亀の井ホテル鳥羽
安楽島町
亀の井ホテル鳥羽
安楽島大橋北
赤崎神社
安楽島
大橋
鳥羽（五）
賢島へ
志摩へ
安楽島橋
大明東町
相差
0 300m
鳥羽へ
松尾駅へ
星海幽月
夢遊華
750
太平洋
千賀口
千鳥ケ浜
海水浴場
志摩ビーチホテル
御宿
瀬乃崎
鳥羽市
P.71 海女の家 五左屋
リゾートヒルズ豊浜
蒼空の風
神明神社
（石神さん）
P.70
相差海女文化資料館
P.76
的矢へ
畔蛸町
畔蛸口
47
西明寺
相差
オウサツキッチン
P.71 0032
的矢港
P.106 龍宮料理の宿 伝洋
的矢湾
相差町
鯨崎
A
B
C
1
2
3
4

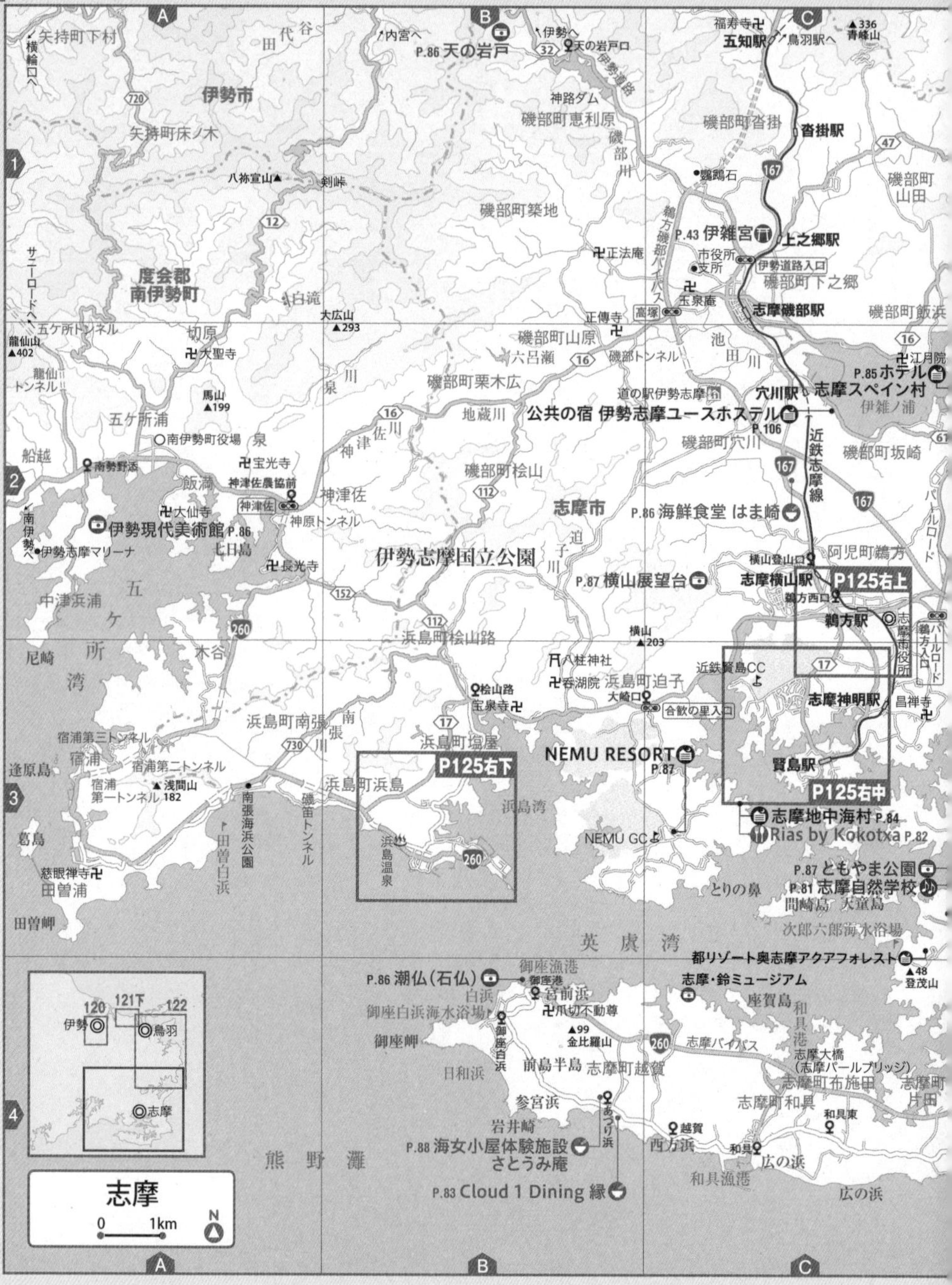

A
B
C
矢持町下村
横輪口へ
田代谷
内宮へ
P.86 天の岩戸
伊勢へ
32
天の岩戸口
伊勢道路
福寿寺
五知駅
鳥羽駅へ
▲336 青峰山
720
伊勢市
神路ダム
磯部町恵利原
磯部町沓掛
沓掛駅
矢持町床ノ木
磯部川
47
1
八祢宜山▲
剣峠
鸚鵡石
167
磯部町山田
12
磯部町築地
鵜方磯部バイパス
P.43 伊雑宮
上之郷駅
正法庵
市役所支所
伊勢道路入口
磯部町下之郷
サニーロードへ
度会郡南伊勢町
白滝
玉泉庵
大広山▲293
正傳寺
高塚
志摩磯部駅
磯部町飯浜
五ケ所トンネル
龍仙山▲402
切原
大聖寺
磯部町山原
池田川
16
江月院
六呂瀬
16
磯部トンネル
P.85 ホテル志摩スペイン村
龍仙トンネル
泉川
磯部町栗木広
道の駅伊勢志摩
穴川駅
伊雑ノ浦
馬山▲199
16
地蔵川
公共の宿 伊勢志摩ユースホステル
P.106
五ケ所浦
南伊勢町役場
泉
神津佐川
磯部町穴川
近鉄志摩線
61
船越
磯部町坂崎
2
南勢野添
宝光寺
磯部町桧山
167
飯満
神津佐農協前
神津佐
112
パールロード
大仙寺
神原トンネル
志摩市
P.86 海鮮食堂 はま崎
167
南伊勢へ
伊勢現代美術館 P.86
七日島
伊勢志摩マリーナ
伊勢志摩国立公園
迫子川
横山登山口
阿児町鵜方
長光寺
P.87 横山展望台
志摩横山駅
P125右上
中津浜浦
五ケ所湾
152
鵜方西口
260
112
鵜方駅
志摩市役所
鵜方入口
パールロード
浜島町桧山路
横山▲203
尼崎
木谷
八柱神社
近鉄賢島CC
17
香湖院
浜島町迫子
桧山路
宝泉寺
大崎口
合歓の里入口
志摩神明駅
昌禅寺
浜島町南張
南張川
17
浜島町塩屋
宿浦第三トンネル
宿浦
730
NEMU RESORT
P.87
逢原島
宿浦第二トンネル
P125右下
賢島駅
宿浦第一トンネル
▲浅間山 182
3
南張海浜公園
磯笛トンネル
浜島町浜島
浜島湾
P125右中
志摩地中海村 P.84
NEMU GC
Rias by Kokotxa P.82
葛島
田曽白浜
浜島温泉
260
慈眼禅寺
田曽浦
P.87 ともやま公園
とりの鼻
P.81 志摩自然学校
間崎島
天童島
田曽岬
次郎六郎海水浴場
英虞湾
都リゾート奥志摩アクアフォレスト
▲48 登茂山
P.86 潮仏（石仏）
御座漁港
御座港
志摩・鈴ミュージアム
白浜
宮前浜
座賀島
御座白浜海水浴場
爪切不動尊
和具
▲99 金比羅山
御座岬
御座白浜
260
志摩パイパス
志摩大橋（志摩パールブリッジ）
日和浜
前島半島
志摩町越賀
志摩町布施田
志摩町片田
4
参宮浜
志摩町和具
岩井崎
和具東
あづり浜
越賀
P.88 海女小屋体験施設 さとうみ庵
西方浜
和具
広の浜
熊野灘
和具漁港
P.83 Cloud 1 Dining 縁
広の浜
120
121下
122
伊勢
鳥羽
志摩
志摩
0
1km
N

国道167号へ
石鏡へ
鳥羽へ
浅間山 201
鳥羽市
P123左下
ホテル&リゾーツ伊勢志摩
まごころの宿 丸定 P.94
畔蛸町
相差町
千鳥ヶ浜海水浴場
千賀町
堅子町
パールロード
鳥羽マリーナ
宝珠寺
畔蛸口
的矢港
鯨崎
佐藤養殖場・的矢かきテラス P.87
磯部町的矢
上田商店 灯台カフェ P.83
いかだ荘山上 P.94
菅崎
的矢大橋
宮ノ鼻
的矢湾
セラピーリゾート伊勢志摩 P.103
磯部町坂崎
磯部町渡鹿野
渡鹿野パールビーチ
大鼻
的矢港
弁天崎
安乗崎
渡鹿野島
鳥居崎
阿津摩里崎神社
阿児町安乗
安乗
岬の宿 礒崎 P.86
渡鹿野渡船場
安乗口
心勢水産 P.95
磯部町三ケ所
和田崎
あのりふぐ料理 まるせい P.95
志摩スペイン村 P.85
料理旅館 丸寅 P.95
志摩国分寺
大兎鼻
料理旅館 富久潮 P.95
はいふう P.105
国府神社
国府
阿児町国府
国府白浜
阿児の松原海水浴場
浜田浜
城ノ崎
太平洋
阿児町神明
阿児町甲賀
甲賀口
志島
シェ・アン P.93
志摩市
宇氣比神社
立神
市後の浜
阿児町立神
畔名口
ホテル&レストラン 槇之木 P.83
リゾートパークともやま P.106
大王崎入口
大王口
田神
老岬
大王町波切
市役所支所
波切
大王崎灯台
大王崎
大王埼灯台 P.87
大王町船越
船越
橋西
大野浜
退治崎
片田稲荷前
片田
麦崎
麦埼灯台
志摩横山駅
鳥羽へ
志摩市
P.94 志摩の味ごころ 小粋
宇賀多神社
棲鳳寺
クインテッサホテル伊勢志摩
日本料理 鯛 P.86
P.93 おとや
長太屋鵜方店 P.87
大王へ
P.87 丸義商店
浜島口
鵜方駅
総合庁舎入口
鵜方西口
阿児町鵜方
志摩庁舎
賢島口
駅前
ステーションホテル鵜方
志摩市役所
浜島へ
近鉄志摩線
文岡中前
賢島へ
プティレストラン宮本 P.86
鵜方
阿児ふるさと公園前
賢島へ
鵜方へ
鳥羽へ
ザ・ひらまつホテルズ&リゾーツ賢島 P.87
お菓子職人おとべ
汀渚 ばさら邸 P.103
近鉄賢島CC
阿児町神明
阿児ふるさと公園前
P.87 shu cafe
志摩市
アッシュ・ドール P.93
都リゾート 志摩 ベイサイドテラス P.101
志摩神明駅
P.103 美食の隠れ家 プロヴァンス
Villa Ryusei P.105
志摩観光ホテル ザ クラッシック P.101
賢島グランドホテル
鵜方へ
ヤキノ崎
賢島大橋
P.100 志摩観光ホテル ザ ベイスイート
賢島橋
温泉リゾートホテル志摩彩朝楽
P.106 賢島の宿 みち潮
賢島駅
賢島エスパーニャクルーズ P.86
賢島
P.105 賢島宝生苑
プチホテル賢島ハーバー P.106
賢島口へ
賢島口へ
志摩市
浜島町塩屋
紀伊長島へ
鴻住
磯料理 ヨット P.90
プレミアリゾート夕雅伊勢志摩
大江戸温泉物語 伊勢志摩
浜島港
朝日山
平野
浜島温泉
浜島
浜島町浜島
市役所支所
シーサイドホテル鯨望荘 P.102
城山
P.86 ビン玉ロード
大矢浜海水浴場
浜島
網元の店 八代 P.90
矢取島灯台

INDEX さくいん

伊勢 志摩

あ

か

さ

ココミル cocomiru

伊勢 志摩

中部⑤

2024年3月15日初版印刷
2024年4月1日初版発行

編集人：緒方京子
発行人：盛崎宏行
発行所：JTBパブリッシング
〒135-8165
東京都江東区豊洲5-6-36　豊洲プライムスクエア11階

編集・制作：情報メディア編集部
Clay（飯田佐智／杉山穂花／渡邊真由子／能勢太郎／西絵美）
杏編集工房（中島彰子）／プランニングケイ（榎木勝洋）
佐川印刷

アートディレクション：APRIL FOOL Inc.
表紙デザイン：APRIL FOOL Inc.
本文デザイン：APRIL FOOL Inc.
ジェイヴィコミュニケーションズ
イラスト：平澤まりこ／井上ミノル
撮影・写真協力：中野晴生／白井孝明／辰巳隆広／直江泰治／能勢太郎／
丸谷達也／神宮司庁／関係各市町村観光課・観光協会／
アフロ（エムオーフォトス／西垣良次／KENJI GOSHIMA）
地図：千秋社／ジェイ・マップ／ゼンリン
組版・印刷所：佐川印刷

編集内容や、商品の乱丁・落丁の
お問合せはこちら

JTB パブリッシング お問合せ

https://jtbpublishing.co.jp/
contact/service/

本書に掲載した地図は以下を使用しています。
測量法に基づく国土地理院長承認（使用）R 5JHs 167-178号
測量法に基づく国土地理院長承認（使用）R 5JHs 168-079号

●本書掲載のデータは2023年12月末日現在のものです。発行後に、料金、営業時間、定休日、メニュー等の営業内容が変更になることや、臨時休業等で利用できない場合があります。また、各種データを含めた掲載内容の正確性には万全を期しておりますが、お出かけの際には電話等で事前に確認・予約されることをお勧めいたします。なお、本書に掲載された内容による損害賠償等は、弊社では保障いたしかねますので、予めご了承くださいますようお願いいたします。●本書掲載の商品は一例です。売り切れや変更の場合もありますので、ご了承ください。●本書掲載の料金は消費税込みの料金ですが、変更されることがありますので、ご利用の際はご注意ください。入園料などで特記のないものは大人料金です。●定休日は、年末年始・お盆休み・ゴールデンウィークを省略しています。●本書掲載の利用時間は、特記以外原則として開店（館）～閉店（館）です。オーダーストップや入店（館）時間は通常閉店（館）時刻の30分～1時間前ですのでご注意ください。●本書掲載の交通表記における所要時間はあくまでも目安ですのでご注意ください。●本書掲載の宿泊料金は、原則としてシングル・ツインは1室あたりの室料です。1泊2食、1泊朝食、素泊に関しては、1室2名で宿泊した場合の1名料金です。料金は消費税、サービス料込みで掲載しています。季節や人数によって変動しますので、お気をつけください。●本誌掲載の温泉の泉質・効能等は、各施設からの回答をもとに原稿を作成しています。

本書の取材・執筆にあたり、
ご協力いただきました関係各位に厚くお礼申し上げます。

おでかけ情報満載　https://rurubu.jp/andmore/

233227　280122
ISBN978-4-533-15738-7　C2026

2404